L'AUBERGE

DE

BAGNIÈRES,

COMÉDIE EN TROIS ACTES,

MÊLÉE DE CHANTS,

Paroles de M. JALABERT,

Musique de M. CATEL.

*Représentée pour la première fois, à Paris, sur le Théâtre
de l'Opéra-Comique, rue Feydeau, le 16 avril 1807.*

SECONDE ÉDITION.

~~~~~~~~~~~~~~~~

PRIX : 5o sous.

~~~~~~~~~~~~~~~~

A PARIS,

Chez Mad. MASSON, Libraire, Éditeur de pièces de
théâtre et de musique, rue de l'Échelle St.-Honoré,
N.º 10.

1810.

PERSONNAGES.

M.me de la DURANDIÈRE ;	M me Gonthier.
M.lle ATALA de la Durandière ;	M.lle Rolandeau.
M.lle TERPSICHORE de la Durandière ;	Mme Gavaudan.
M. ROGER, Général ;	M. Sollié.
M. ROGER, Capitaine ;	M. Huet.
EDMOND, ami de M. Roger, Capitaine ;	M. Martin.
M.me PIMPARD, aubergiste, tenant la Corne-de-Cerf ;	M.me Desbrosse.
M.lle AMÉLIE la Croix, cousine de M.lle de la Durandière ;	M.me Moreau.
M. de BLANSAC ;	M. Elleviou.
M. RAYMOND ;	M. Lesage.
Un garçon d'auberge ;	M. St.-Aubin.

La Scène est à Bagnières.

Le Théâtre représente une Salle d'auberge. Plusieurs portes latérales ont des numéros. D'un côté, une glace ; et de l'autre, une fenêtre. Il doit y avoir plusieurs numéros sur chaque porte, et principalement sur celle du côté de l'Empereur.

AVIS.

L'AUBERGE DE BAGNIÈRES.

ACTE PREMIER.

SCÈNE PREMIÈRE.

Madame PIMPARD, AMÉLIE, UN GARÇON.

Mad. PIMPARD.

Elle sort de la petite porte contiguë à celle du grand corridor, regardant dans la coulisse et parlant à Amélie qui rentre aussitôt.

Soyez tranquille, mademoiselle : j'en parlerai à votre tante. (*Au garçon.*) Eh bien ! as-tu tout balayé, nétoyé, ciré, frotté ?

LE GARÇON.

Oui, madame Pimpard, toutes les chambres du grand corridor sont faites. Vous devez être bien contente ? voilà votre hôtel rempli depuis le haut jusqu'en bas.

Mad. PIMPARD.

Il y a encore deux appartemens, dont l'un est retenu pour le général Roger qui arrivera dans deux jours. Quand à l'autre, il ne faut le donner qu'à des personnes à équipage.

LE GARÇON.

C'est entendu.

Mad. PIMPARD.

N'est-il venu personne pendant mon absence ?

LE GARÇON.

Non, madame ; il n'est venu que le monsieur de l'Enregistrement qui demande toujours son cousin le général.

Mad. PIMPARD.

Oh ! oui, je sais... monsieur Raymond. As-tu parlé à monsieur de Blansac ?

LE GARÇON.

Oui, madame. Je lui ai demandé de l'argent de votre part.

Mad. PIMPARD.

Eh bien ?

LE GARÇON.

Eh ! bien ! madame ; il ma répondu que vous lui disiez toujours la même chose, et que c'était très-ennuyeux.

Mad. PIMPARD.

Ah! j'ai bien peur d'être la dupe de ce prétendu ci-
devant marquis, et j'ai dans l'idée que c'est encore un de
ces chevalier d'industrie qui viennent aux eaux pour
exercer leur talent. J'ai presqu'envie d'en prévenir madame de la Durandière.

LE GARÇON.

Elle est drôle cette dame, et ses demoiselles aussi.
Elles ne parlent jamais que de Paris. Ça n'est content
de rien Tout est de mauvais goût. (*Les imitant.*) Ah!
qu'on est bête en province! que ces gens là sont ineptes!
à table, ça trouve tout détestable, et ça mange comme
des enragés.

Mad. PIMPARD.

Je ne suis pas mauvaise langue; mais vrai, ça me fait
pitié, moi qui les connais!... Feu monsieur Durand était
maître d'école à Tarbes: c'est lui qui m'a appris à lire.
Sa femme a fait, il y a quatre ans, un héritage assez
considérable. Eh. bien! elle en a déjà vendu la moitié.
Elle veut élever ses filles comme des duchesses! elle se
ruinera, mourra un jour dans la misère, et l'aura bien
mérité. Elle me paye, c'est tout simple, je ne dois pas en
dire du mal; mais ça ne sait pas l'A, B, C, et ça veut
faire la belle parleuse. Ah! la voici: va-t-en.

SCENE II.

Mad. PIMPARD, Mad. de la DURANDIÈRE.

Mad. PIMPARD.

Bonjour madame de la Durandière: avez-vous bien
passé la nuit?

Mad. de la DURANDIÈRE.

J'ai n'ai pas fermé l'œil, j'ai eu ma migraine depuis hier.
Mon estomach, familiarisé avec les manières de Paris,
ne peut se façonner à celles de Bagnières.

Mad. PIMPARD.

Ne serait-ce point le pâté de foie gras qui vous aurait
indisposée?

Mad. de la DURANDIÈRE.

Eh! non, non.., c'est l'heure à laquelle on dîne en
cette province. A Paris, j'étais habituée...

Mad. PIMPARD.

Je croyais, madame, que vous n'aviez habité Paris
que pendant trois mois.

Mad. de la DURANDIÈRE.

Trois mois, ma chère ?... j'y ai demeuré trois mois et demi. J'y avais été pour l'éducation de mes filles. Elles y ont appris la danse, le dessin, la musique, le chant, la peinture, la chimie, l'Italien, un peu d'Anglais, la poésie, la déclamation, et à faire des Romans.

Mad. PIMPARD.

Tout cela dans trois mois ?....

Mad. de la DURANDIÈRE.

Je voudrais bien voir qu'elles ne le sussent pas, après ce que j'ai dépensé pour elles.

Mad. PIMPARD.

Mais à quoi cela servira-t-il à ces demoiselles, de savoir tant de choses ?

Mad. de la DURANDIÈRE.

A quoi, ma chère ? voilà une singulière question ! mais c'est pour leur établissement ! l'éducation se retrouve toujours ; il n'y a que l'éducation. Ah ! si j'en avais eu comme elles, croyez-vous que monsieur Durand eût été mon mari ? je serais peut-être femme d'un sous-préfet. Et vous, si vous aviez été bien éduquée, eussiez-vous épousé monsieur Pimpard ?

Mad. PIMPARD.

Mais, madame nous eussions peut-être été plus malheureuses.

Mad. de la DURANDIÈRE.

N'avons-nous pas l'air de sottes auprès de nos filles ?

Mad. PIMPARD.

Madame, je ne trouve pas ça ; et il me semble, à moi, que si elles savaient bien coudre, broder, tricoter, s'occuper enfin de tout les soins du ménage, ça leur serait plus utile un jour.

Mad. de la DURANDIÈRE.

Comparer de semblables détails.... avec.... nous ne pouvons pas nous entendre.

Mad. PIMPARD.

Il est vrai que madame en doit savoir plus que moi, puisque son mari etait maître d'école

Mad. de la DURANDIÈRE.

Professeur des belles-lettres, ma chère...

Mad. PIMPARD.

C'était un habile homme. Je l'entendais lui, du moins, quand il me parlait. Mais mademoiselle votre aînée ; croiriez-vous bien que souvent je ne comprends pas ce qu'elle dit.

Mad. de la D u r a n d i è r e.

Cela ne m'etonne pas du tout. Mais aussi, si elle parlait comme tout le monde, après l'éducation que je lui
ai donnée... Ce n'est pas parce que c'est ma fille, mais,
vrai, c'est un prodige. Elle pense, elle parle... comme
personne. Elle fait deux, trois, et quelque fois quatre
pages de roman par jour.—Pour Terpsichore, c'est gen-
til comme un sapajou, et ça danse !... Enfin mon aînée a
toute ma sensibilité, et la cadette, toute mon étour-
derie. (*dans ce moment, Amélie paroît. Elle sort de la
porte voisine du grand corridor.*)

Mad. P i m p a r d.

Ah! j'oubliais de vous dire que madame Lacroix est
toujours indisposée. Sa fille (c'est un ange que cette jeune
personne.) a passé trois jours à la veiller et à broder
auprès d'elle. La maman voudrait bien que sa chère
Amélie prît un peu l'air et qu'elle allât se promener au
pré de la fondaine, si vous aviez la bonté de l'y conduire.

Mad. de la D u r a n d i è r e.

Je veux bien le lui permettre. Sa mère vous a-t-elle
parlé de moi? (*Amélie rentre en témoignant sa joie.*)

Mad. P i m p a r d.

Non, madame; elle m'a dit seulement que vous étiez
sa sœur.

Mad. de la D u r a n d i è r e.

Je ne le cache pas : elle est ma sœur. Mais je ne la
voyais jamais à Toulouse, et j'avais mes raisons pour
cela. D'abord elle est mauvaise langue.

Mad. P i m p a r d.

Cependant elle a l'air bien doux, bien honnête.

Mad. de la D u r a n d i è r e.

Comme je crains qu'elle ne vous fasse quelques contes
sur moi, je vais vous dire en confidence ce qui l'attire
ici. Nous avons un cousin d'environ trente-cinq ans, qui
est parti de France il y a vingt ans : il a servi en Italie,
s'y est distingué, a été nommé général. Il a reçu un coup
de feu dans une bataille. On a annoncé dans une gazette
qu'il était très-mal et qu'il venait prendre les eaux à
Bagnières.

Mad. P i m p a r d.

Mais c'est le général Roger qui m'a fait retenir un
appartement pour la saison.

Mad. de la D u r a n d i è r e.

Ma sœur, qui aura su sans doute son arrivée, s'est
empressée de venir aux eaux, sous prétexte de maladie...

Aussitôt que j'ai appris son départ, je suis venue ici pour déjouer ses mauvais desseins.

Mad. PIMPARD.

Comment? sous prétexte de maladie?... Quels desseins peut-elle avoir?

Mad. de la DURANDIÈRE.

Que sais-je? D'abuser de la bonté du général aux dépens de sa famille. Mon cousin est garçon... elle pense que sa fille est un phénix, et peut-être elle espère... Vous n'avez pas d'idée de son caractère.

SCENE III.

Mesdames de la DURANDIÈRE, PIMPARD, Mesdemoiselles de la DURANDIÈRE, *l'une avec des tablettes à la main, l'autre dansant.*

QUATUOR.

Mad. de la DURANDIÈRE.

Voici mon Atala ; Terpsichore la suit.

Mad. PIMPARD.

Dieux! comme elles sont belles!
Bonjour, mesdemoiselles.
Avez-vous bien passé la nuit?

ATALA, *d'un ton tragique.*

Bien rarement sur un être sensible.
Morphée épanche ses bienfaits.
A ma prière il est inaccessible.

Mad. PIMPARD.

Mais que dit-elle!

TERPSICHORE.

Elle ne dort jamais.

ATALA, *déclamant.*

Le tonnerre effrayant qui grondait sur ma tête.
Le tonnerre effrayant qui grondait sur ma têt+

TERPSICHORE.

Tra la la.

Mad. PIMPARD.

Je n'ai point entendu la tempête.

TERPSICHORE.

Ce pas, je crois, leur tournera la tête.

ATALA.

Non, le tonnerre ici n'est pas assez... ronflant...
Et cela ne fait pas image.

Mad. PIMPARD.

Mais je vous jure que souvent
Il y fait un beau tapage.
(à part) Elle a rêvé sûrement.

Mad. de la DURANDIÈRE.

Elle compose en ce moment.

Mad. PIMPARD.
Elle compose en ce moment,
Elle est folle assurément

TERPSICHORE.
Je suis en train dans ce moment.

ATALA, *déclamant*.
Au milieu des cercueils je cherche en vain ma route;
De la chapelle antique on sent trembler la voûte;
Et l'éclair sillonnant... à travers... les vitreaux
Me fait voir un fantôme... assis sur des tombeaux;
Me fait voir un fantôme... assis sur des tombeaux.

TERPSICHORE.
Pour Bagnières je crois, ces pas seront nouveaux.

Mad. PIMPARD.
Ah! cela me fait peur. Moi, je hais les tombeaux.

Mad. de la DURANDIÈRE.
Que j'aime ce fantôme assis sur des tombeaux!
Voyez comme elle est enflammée.

Mad. PIMPARD.
A ces transports est-elle accoutumée?

TOUTES LES TROIS.
Parlons doucement:
Elle compose en ce moment.

ATALA
Le fantôme se lève; et de sa main glacée
Il touche mon visage! une secrète horreur
Fait trembler tout mon corps et frissonner mon cœur.
Du fantôme la main glacée
Forme image; et cette pensée
Bien placée
Fera très-bien.
Comment trouvez-vous la pensée?

TERPSICHORE, Mad. de la DURANDIÈRE.
Elle est neuve et fort bien placée.
Charmant enfant!

TERPSICHORE.
Oui, c'est très-bien.
Bravo! ma sœur.

Mad. PIMPARD.
Sur mon honneur, elle est ensorcelée.
Pour trouver des maris de la haute volée,
Si c'est là le moyen,
Sur ma foi; je n'y comprends rien.

Mad. de la DURANDIÈRE, *à ses demoiselles*.
Mes chères filles, allons-nous faire un tour au jardin?

TERPSICHORE.
Oui, ma mère.

Mad. de la DURANDIÈRE.
Je voudrais que vous prissiez... Ah! mon dieu quelle
faute! que vous preniez vos chapeaux.

ATALA.
Que vous prissiez, ma mère, après le futur conditon-
nel, l'imparfait du subjonctif: c'est de rigueur.

Mad. de la DURANDIÈRE.

Eh bien dans ce cas là, je vais vous les descendre. Madame Pimpard, faites-moi le plaisir de me donner la clef de la petite porte du jardin qui est en bas de mon escalier.

Mad. PIMPARD.

Madame, la voici.

(Madame Pimpard et madame de la Durandière sortent.)

SCENE IV.

ATALA, TERPSICHORE.

TERPSICHORE.

Dis-moi donc, Atala, danseras-tu au pré de la fontaine?

ATALA.

Sans doute. Je ne veux pas avoir l'air de me singulariser.

TERPSICHORE.

N'as-tu pas été scandalisée de voir l'autre jour comme on faisait cercle à la danse autour de ma cousine Amélie?

ATALA.

Ne m'en parle pas, j'en suis indignée.

TERPSICHORE.

Ils prennent ici sa niaiserie pour de la candeur, sa gaucherie pour de la grâce, et son laissé-aller pour un charmant naturel.

ATALA.

Ils prouvent qu'ils n'ont aucun goût.

TERPSICHORE.

Du goût?... dans cette province.... dans cette petite bourgade? Ecoute ce qui m'est arrivé hier.

COUPLETS.

TERPSICHORE.

J'avais mis mon petit chapeau,
Ma robe de crêpe amaranthe;
Mon schall et mes souliers ponceau:
Ma tournure était ravissante.
Eh bien! les dames du pays
Ont critiqué cette toilette.
Cependant j'en ai fait emplette
Au Palais-Royal, à Paris.

ATALA, *en parlant.*

Les hommes n'ont pas plus de goût!....

TERPSICHORE.

Vois un peu comme ils sont plaisans !
Tu sais bien j'ai l'habitude
Des pirouettes en dedans
Que je termine en attitude.
J'en fais quatre : on n'est pas surpris !
Pourtant elles étaient parfaites.

(*En parlant.*) Personne n'a su ni les sentir, ni les apprécier.

ATALA, *en parlant.*

Mais cela ne m'étonne pas du tout dans cette province.... d'ailleurs.... (*en chantant.*)

Le triomphe des pirouettes
Est à l'Opéra de Paris.

ATALA.

Au bal, en dansant l'autre jour,
Je parlais de philosophie,
De sensibilité, d'amour,
D'Azoth et de chorégraphie.
Les hommes parurent surpris,
Les femmes se mirent à rire.
Tu vois bien qu'on ne peut rien dire.
Aux gens qui n'ont pas vus Paris.

TERPSICHORE.

As-tu remarqué aussi l'élégante de la ville ? quelle prétention elle avait à la danse !

ATALA.

Oui, oui.

TERPSICHORE.

Celle qui se précipitait dans les bras de son danseur et qui se penchait nonchalamment sur l'épaule de monsieur de Blansac ? tu en étais même un peu jalouse.

ATALA.

Moi, de monsieur Blansac ! je lui rends justice. Il a des airs charmans, de la séduction dans la tournure, du charme dans le regard. C'est peut-être le seul être qui puisse m'entendre ; mais je n'ai point d'entraînement pour lui.

TERPSICHORE.

Ah ! le voici.

SCENE V.

ATALA, TERPSICHORE, M. de BLANSAC.

BLANSAC.

Salut à vous, aimables dames. Il me semble que vous vous disposez à sortir

ATALA.

Oui, monsieur. Nous allons respirer l'air pur du matin, la chimie a dû vous apprendre qu'il est plus délié, plus chargé d'oxigène.

BLANSAC.

D'oxigène..... Oui . oui : c'est de la chimie ; c'est chimique. Il est vrai que l'air n'est pas supérieur dans ce pays. Quelle différence avec celui de Paris ! moi, j'étais toujours à Montmartre.

ATALA.

A Montmartre ?

TERPSICHORE.

Quelle jolie montagne que Montmartre !

BLANSAC.

J'y avais une délicieuse habitation.

TERPSICHORE.

A Montmartre vous étiez situé comme un ange.

ATALA.

Dans une heureuse atmosphère.

BLANSAC.

Oui, c'est vrai ; je n'y restais que l'été, et, l'hiver, j'habitais mon hôtel de la Chaussée-d'Antin, l'hôtel de Blansac.

TERPSICHORE.

Que je serais contente de vivre dans la Chaussée-d'Antin !

BLANSAC.

Avec un nom, de la fortune, je jouissais de l'existence la plus brillante ; je recevais chez moi la meilleure société de Paris, comtes, marquis, princes. etc., les artistes les plus célèbres : enfin tout ce qu'il y avait de mieux.

ATALA.

Vous étiez heureux alors ?

BLANSAC.

Heureux ! peut-on l'être avec une extrême sensibilité, lorsqu'on est lancé dans le tourbillon du monde et qu'on n'a pas un but unique pour ses affections ? Ma confiance a causé mes infortunes ; j'ai eu des malheureux procès ; j'ai éprouvé des revers, des pertes considérables : mes biens sont encore en litige. Cependant il me reste une honnête aisance, des espérances superbes, sur-tout une âme aimante, forte, et trempée (j'ose le dire) au creuset du malheur. Si j'en trouve une à l'unisson de la mienne, je sens que je peux être encore le plus heureux des mortels.

ATALA, *ayant l'air de chercher à cacher une vive émotion.*

Vos malheurs.. ... les vicissitudes du sort répandent sur tout votre être un grand intérêt. Ils doubleront le charme et l'amour de celle...l. que le destin vous réserve pour compagne. Qu'ai-je dit ?... ah! je m'égare !...

BLANSAC.

Mademoiselle, si j'osais me flatter que mon a....

ATALA, *jouant l'émotion.*

Monsieur.... quel mot allez-vous proférer ?

SCÈNE VI.

Les Mêmes, Madame de la DURANDIÈRE.

Mad. de la DURANDIÈRE.

Tenez, mesdemoiselles, voici vos chapeaux. Faisons un tour au jardin, en attendant l'heure où l'on se rend à la Fontaine.

ATALA.

Oui, ma mère, allons prendre l'air : j'en ai besoin.

BLANSAC.

Me permettez-vous de vous accompagner ?

ATALA.

Mais.....

TERPSICHORE.

Allons, Atala, ne refusez pas monsieur.

ATALA.

Monsieur de Blansac....donnez le bras à ma mère, je vous le repète : donnez le bras à ma mère.

Mad. de la DURANDIÈRE.

Que vous êtes heureux !

TERPSICHORE.

Je savais bien, moi, qu'elle l'aimait.

Mad. de la DURANDIÈRE.

Madame Pimpard m'a donné la clef. Nous pouvons passer par ici, la petite porte du jardin est ouverte.

(*Ils sortent.*)

SCENE VII.

LE GARÇON, Le Capitaine ROGER, EDMOND.

LE GARÇON.

Je vous dis, messieurs, qu'il n'y a pas d'appartement et vous aurez beau parler à madame Pimpard.....

SCENE VIII.

ROGER, EDMOND.
ROGER.

N'est-ce pas une fatalité? conviens que c'est bien malheureux. Eh bien! tu ris?

EDMOND.

Eh! pourquoi veux-tu que je m'afflige? tu es amoureux sans rime ni raison; tu perds la tête pour une jeune personne que tu as vu une seule fois, il y a six mois, à Toulouse, que tu rencontres, il y a trois jours au pré de la Fontaine. Je veux bien te servir de confident dans une avanture où je n'ai rien à espérer pour mon compte. Mais, en conscience, je ne peux pas m'affliger de la légère contrariété que tu éprouves.

ROGER.

Enfin si nous avions pu avoir un appartement seulement pour deux jours, il est certain que j'aurai trouvé le moyen de lui parler.

EDMOND.

Oui; toute la société de cette maison mange à la même table Tu aurais pu te placer vis-à-vis de ta Dulcinée..... Quels regards passionnés! qué de soupirs! comme tu aurais bien joué le sentiment, la distraction! ah! je te vois d'ici.

ROGER.

Je te l'ai déjà dit: j'en suis fou ; je l'aime, je l'idolâtre: elle m'aime aussi, j'en suis sûr: je l'ai vu dans ses régards.

EDMOND.

Eh bien! quelle est la fin que tu te propose?

ROGER.

De me jetter à ses pieds; de lui peindre mon amour, de la demander à ses parens. Si l'on me la refuse, je l'enlève. Si elle n'y consent pas, je lui déclare que je vais à l'armée, qu'à la première bataille, je me fais tuer en faisant une action d'éclat, parce qu'il m'est impossible de vivre sans elle.

EDMOND.

Le moyen est superbe, infaillible; et moi, je ferai une complainte en quarante couplets sur la piteuse avantue

du capitaine Roger et de la Belle.... Comment s'appelle-
t-elle ?.... tu n'en sais rien, je gage.

ROGER.

Que ta plaisanterie est ridicule et combien l'ironie est
hors de place en cet instant ! voilà bien ton caractère
persiffleur ! je ne sais pas comment il ne t'a pas valu
vingt coups d'épée.

EDMOND.

Ah ! j'en ai bien reçu quelques-uns.

ROGER.

Et si tu n'étais mon ami....

EDMOND.

Ah ! voilà qui est mal ; et puisque nous ne pouvons
nous quitter, tâchons au moins de vivre en bonne intel-
ligence.

SCENE IX.

Les Mêmes, Mad. PIMPARD.

Mad. PIMPARD, *dans la coulisse.*

Je ne demanderais certainement pas mieux ; mais c'est
impossible, puisque je n'ai plus d'appartemens.

EDMOND.

Tu l'entends ? C'est impossible.

ROGER.

Maudite hôtesse !

EDMOND.

Je vais tâcher de l'attendrir. (*à mad. Pimpard.*) Madame, je viens avec monsieur Roger, qui....

Mad. PIMPARD, *à part, étonnée.*

Déjà le général !.... Comment ! c'est vous, monsieur
Roger ? On vous attend ici avec impatience.

EDMOND.

On t'attend ?

ROGER.

On m'attend ?

Mad. PIMPARD.

Vos cousins, vos cousines.

ROGER.

Ah ! ma famille est ici ?

Mad. PIMPARD.

Tous les jours on vient s'informer si vous êtes arrivé. Il
me semble que vous jouissez maintenant d'une meilleure
santé, et que votre blessure...

EDMOND.

Elle est cicatrisée.

Mad. PIMPARD.

Monsieur est sans doute le médecin qui accompagne monsieur le général?

EDMOND, *à part.*

Ah! je vois la méprise. On te prend pour le général Roger. (*haut.*) Oui, je donne mes conseils à Monsieur.

Mad. PIMPARD.

Pardon, monsieur le général, si tout n'est pas encore prêt dans votre chambre; mais je ne vous attendais que dans deux jours. J'en ai même prévenu vos parens. Ils ont un grand empressement de vous embrasser, ces chers parens, et c'est bien naturel. Il y a au moins quinze ans qu'ils ne vous ont vu.

ROGER.

Ah! j'ai beaucoup de parens ici?

Mad. PIMPARD.

Oui, des cousins, des cousines....

EDMOND.

Dites-moi : les cousines du général sont-elles jolies?

Mad. PIMPARD.

Mais oui, monsieur. Il y en a une sur-tout, une charmante blonde aux yeux bleus, qui demeure dans le pavillon.

ROGER.

C'est elle, mon ami, c'est elle.

EDMOND.

Ecoutez, madame; rendez un grand service à monsieur le général.

Mad. PIMPARD.

Tout ce qui dépendra de moi...

EDMOND.

Il est à peine convalescent. Je crois qu'il ne serait pas convenable que, dans ce moment, il se livrât à toute la joie que lui causera la vue de ses chers parens. Il a besoin de repos, de tranquillité.

ROGER.

Oui, et je vous prie de ne dire à qui que ce soit que je suis ici. On ne me connaît pas dans cette ville, et vous seule êtes dans le secret.

Mad. PIMPARD.

Soyez tranquille, monsieur, ce n'est pas par moi qu'il sera trahi. Veuillez bien attendre un instant dans cette salle; votre appartement sera préparé dans la minute.

Ah! comme la voisine du Cheval-Blanc va enrager !
quand elle saura que j'ai chez moi un général de distinc-
tion. J'ai bien l'honneur de vous saluer.

SCÈNE X.

ROGER, EDMOND.

DUO.

EDMOND, *riant et saluant.*
Mon général, recevez mon hommage.

ROGER.
Salut à vous, mon cher docteur ;
Je suis au comble du bonheur.
Ce hazard est pour moi du plus heureux présage.

EDMOND.
Ah! je conçois bien ton bonheur.
Ce hazard est pour toi du plus heureux présage.

ROGER.
On veut que je sois général ;
Je n'y vois pas un très-grand **mal.**

EDMOND.
Mais s'il venait le Général,
Tu ferais triste figure.

ROGER.
On ne l'attend que dans deux jours,
Et d'ici là, je te jure
Que j'aurais mis en bon train mes amours.

EDMOND, *d'un air sérieusement-comique.*
Je n'approuve point ta folie.

ROGER.
Mais comment faire, je te prie?
Sans cela point d'appartement ;
On nous renvoyait sur le champ.

EDMOND, *riant.*
L'honneur...

ROGER.
Allons, tais-toi, mauvais plaisant.

ENSEMBLE.

ROGER.	**EDMOND**, *riant.*
Beauté divine,	Beauté divine,
Oui, j'ai l'espoir	Il a l'espoir
De te revoir.	De te revoir.
Si ton cœur me devine,	Que nous faisons sotte mine,
S'il ressent mon ardeur,	Lorsque l'amour nous domine!
Je suis au comble du bonheur.	C'est trop plaisant, en honneur.

ROGER, *fâché.*
Tu ris.

EDMOND, *sérieusement.*
Mon général, recevez mon hommage.

ROGER.
Salut à vous, mon cher docteur.

Je suis au comble du bonheur.
Ce hazard est pour moi du plus heureux présage.

 EDMOND.

A sa croisée on peut l'appercevoir ...
L'un près de l'autre, à table, on peut fort bien s'asseoir.

ROGER.

Ah! quelle ivresse!
Ah! quels plaisirs!

EDMOND, *d'un air affecté et ironique.*

Que de soupirs!
Que de tendresse!

ROGER.

Quel doux moment!

EDMOND.

Ah! c'est charmant!

ROGER, *piqué.*

Mauvais plaisant!

EDMOND.

Tu joueras bien le sentiment.
Je crois t'entendre.
Ah! quel regard!

ROGER.

Maudit bavard!

EDMOND.

Et quel air tendre!

ROGER, *d'un ton ferme.*

Te tairas-tu, maudit bavard?

EDMOND.

Mon Général, recevez mon hommage.

ROGER.

Salut à vous, mon cher docteur;
Je suis au comble du bonheur
Ce hazard est pour moi du plus heureux présage.

ENSEMBLE.

Oui, j'ai l'espoir, etc.   Beauté divine, etc.

SCENE XI.

Les Mêmes, Madame PIMPARD.

Mad. PIMPARD.

Monsieur le Général, votre appartement est prêt. Au
numéro 3, vis-à-vis.

ROGER.

Entrons:.... Je compte sur votre discrétion.

Mad. PIMPARD.

Vous pouvez y compter, monsieur le Général.

2

SCENE XII.

Mad. PIMPARD, Mad. de la DURANDIÈRE, ATALA, TERPSICHORE.

(*Toute cette scène doit se passer au fond du théâtre et à la porte de la chambre de la famille de la Durandière.*)

Mad. PIMPARD, *appelant à la porte avec mystère.*

Madame de la Durandière!.... Madame de la Durandière!... je vous cherche ; j'ai une grande nouvelle à vous apprendre.

Mad. de la DURANDIÈRE.

Qu'est-ce donc ?

Mad. PIMPARD.

Votre cousin le général.....

Mad. de la DURANDIÈRE.

Eh bien?

Mad. PIMPARD.

Vient d'arriver dans l'instant. Il ne veut pas qu'on le sache: il m'a fait promettre de n'en parler à personne ; mais, quand il s'agit d'obliger, je ne peux pas me tenir, d'abord.

Mad. de la DURANDIÈRE.

Quel peut être son dessein ?

Mad. PIMPARD.

Il veut éviter la visite de ses parens.

Mad. de la DURANDIÈRE.

Il faut bien se garder de prévenir ma sœur.

Mad. PIMPARD.

Je crois entendre une voiture. Adieu, mesdames......
Motus. (*Elle va pour sortir.*)

ATALA, *la retenant.*

Comment mon cousin est-il mis ?

Mad. PIMPARD.

Un grand bel homme ; habit bleu ; chapeau militaire.

ATALA.

A quel numéro demeure-t-il ?

Mad. PIMPARD.

Au numéro 3, au grand balcon.

Mad. de la DURANDIÈRE.

Allons nous préparer à le recevoir.

(*Elle rentre avec ses filles.*)

SCÈNE XIII.

Mad. PIMPARD, LE GÉNÉRAL ROGER.

LE GÉNÉRAL.

Veuillez bien me dire, madame, où est l'appartement
retenu pour le général Roger.

Mad. PIMPARD.

Au n.º 3, monsieur. Le général y est dans cet instant.

LE GÉNÉRAL.

Vous dites, madame?

Mad. PIMPARD.

Que le général Roger est arrivé ce matin, et je viens
d'avoir l'honneur en personne de le conduire à son appartement. Mais nous avons, au n.º 4, un autre appartement aussi commode, aussi complet que le sien; et j'espère, monsieur, que vous ne m'en ferez pas de reproches.

LE GÉNÉRAL.

Voulez-vous me faire l'honneur de m'entendre?

Mad. PIMPARD.

Je suis a vos ordres pour tout ce que vous desirez, et
j'espère que vous serez content de cet hôtel.... car, dieu
merci...

LE GÉNÉRAL.

Vous dites, madame, que le général Roger est arrivé
depuis deux heures.

Mad. PIMPARD,

Oui, monsieur; il vient d'Italie, prendre les eaux
pour sa blessure. Il est accompagné d'un médecin.

LE GÉNÉRAL.

Ah! celui-là est trop fort... Allons, madame, vous
rêvez.

Mad. PIMPARD.

Non, monsieur, je ne rêve pas; car j'ai les yeux trop
ouverts pour cela.

LE GÉNÉRAL.

Vous conviendrez que je dois être étonné de tout ce que
vous me racontez, quand vous saurez, madame, que
c'est moi qui suis le général Roger; et que c'est moi qui
vous ai fait retenir un appartement par monsieur Cour-
taud, il y a un mois.

Mad. PIMPARD.

Monsieur, je n'ai l'honneur de vous connaître ni l'un

ni l'autre ; mais il faut nécessairement que tout ceci s'éclaircisse.

LE GÉNÉRAL.

Rien de plus facile, madame. Conduisez-moi chez cet inconnu... Mais non.

Mad. PIMPARD.

Ah! il hésite...

LE GÉNÉRAL, *réfléchissant.*

Non... J'aime mieux. . Je veux savoir le motif...

Mad. PIMPARD.

Comme monsieur voudra.

LE GÉNÉRAL.

D'après ce que vous me dites, il paraît que celui qui a pris mon nom, a voulu s'amuser un instant. Je veux être de la partie et l'observer *incognito*, ainsi que plusieurs de mes parens qui se trouvent ici, et qui, sur la foi d'une gazette, me croient beaucoup plus malade que je ne le suis. J'exige que vous ne disiez à qui ce soit que je suis arrivé On m'a ordonné la dissipation, et ce petit évènement me procurera un moment de gaîté. Voilà dix louis pour m'assurer de votre discrétion, et je vous en promets autant, si vous me tenez parole.

Mad. PIMPARD.

Il est impossible que ce ne soit pas là le général. — Je vais vous conduire dans votre appartement. Il est neuf heures: j'apperçois vos cousines qui se rendent à la fontaine Sans doute le prétendu général se joindra à la société. . .

LE GÉNÉRAL.

Vous me le ferez connaître.

Mad. PIMPARD.

Fiez-vous à moi, monsieur le Général... Par ici...

SCENE XIV.

Madame de la DURANDIÈRE, SES FILLES, EDMOND, ROGER, Madame PIMPARD, LE GÉNÉRAL, toute la Société.

Mad. de la DURANDIÈRE.

Allons. j'espère, mesdemoiselles, que l'occasion va se présenter de montrer quel genre d'éducation vous avez reçu, et que vos manières se ressentiront de votre voyage de Paris.

TERPSICHORE.

Comme nous sommes censées ignorer son arrivée, et

que nous ne l'avons jamais vu , il ne faut pas que nous le reconnaissions d'abord.

Mad. de la D U R A N D I È R E.

Très-bien imaginé.

A T A L A.

Mais nous pouvons être saisies en le voyant. La voix du sang peut se faire entendre à nos cœurs... Un doux pressentiment...

Mad. de la D U R A N D I È R E.

Oui, rien ne nous empêche d'être saisies....

A T A L A.

Ma mère, le voilà qui traverse le corridor. Il va descendre sans doute ?

T E R P S I C H O R E.

Il est très-bien, mon cousin....

Mad. de la D U R A N D I È R E.

Une bonne tenue !

A T A L A.

Oui, comme les jeunes gens de Paris.

Mad. de la D U R A N D I È R E.

Oui, mais il a l'air bien portant et bien jeune.

M O R C E A U D' E N S E M B L E.

T E R P S I C H O R E.

Est-ce l'instant d'être saisie ?

A T A L A.

Non, pas encor, ma bonne amie.

T E R P S I C H O R E, *comme si elle jouait la pantomine.*

Je serai comme à l'Opéra,
L'œil inquiet et la main là.

Mad. de la D U R A N D I È R E , A T A L A.

Tu seras, comme à l'Opéra,
L'œil inquiet et la main là.

Mad. de la D U R A N D I È R E.

Le voilà qui va paraître.

A T A L A.

Il ne faut pas le reconnaître.

T E R P S I C H O R E.

Sois tranquille, Atala.

(*Elle se pose.*) N'est-ce pas comme cela ?

A T A L A.

Le voilà qui s'avance.

T E R P S I C H O R E.

Vraiment je suis en transe.
Faut-il me poser ? me voilà.
Mais réponds-moi donc, Atala.

A T A L A.

Voilà l'instant d'être saisie.

ROGER, EDMOND.
Mais quelle est cette comédie!
La petite est assez jolie.

ATALA, TERPSICHORE, Mad. de la DURANDIÈRE.
L'air pénétré... bon!... m'y voilà.

AMÉLIE.
Ma tante, je vous remercie.
(*Appercevant Roger.*)
Ah! dieux! comme je suis saisie!
Ma tante, de votre bonté.

ROGER, EDMOND.
Comme son mon cœur est agité!
Conviens qu'elle est jolie.
Elle est charmante en vérité.

ATALA, TERPSICHORE.
Voici cette Amélie.
Quelle contrariété!
Mad. PIMPARD, *en montrant Roger.*
Oui, celui-là.
LE GÉNÉRAL.
J'aime beaucoup sa contenance;
Il mérite la préférence.

ROGER, *à Edmond.*
Allons donc, à la tante il faut offrir le bras.
AMÉLIE, ATALA, TERPSICHORE, ROGER.
Grands Dieux! quel est mon embarras!

BLANSAC.
Mesdames, sans plus attendre,
A la Fontaine il faut se rendre;
Déjà tout le monde est parti.
Des étrangers!... Que vois-je ici?
Atala se trouble à ma vue.
Son ame paraît émue:
Feignons d'être tourmenté.

LES HOMMES, *ensemble.*
Mesdames, acceptez nos bras.
CHŒUR GÉNÉRAL.
Allons, partons, allons à la Fontaine.
Souvent à petit bruit
Le plaisir nous y conduit,
Et l'amour nous en ramène.
Grâces à la Nature
Son onde pure
Calme les maux, réveille les desirs
Et nous offre mille plaisirs.

FIN DU PREMIER ACTE.

ACTE II.

SCENE PREMIERE.

EDMOND, *seul.*

J'ai laissé le tendre Roger au pré de la Fontaine. Il est heureux maintenant, il danse avec sa bien-aimée ; mais il ne s'attend pas au tour que je lui prépare. Il m'a forcé à donner le bras à la maman ; il est bien juste que je prenne ma revanche et que je le fasse un peu enrager. La musique et les tambours viendront bientôt. Ce cher Roger !..... il sera furieux. Pourquoi s'avise-t-il de se prendre d'une belle passion et de me faire jouer le rôle de confident ? La sotte chose que l'amour !

AIR.

Je ne puis voir sans rire
Un guerrier soupirant,
Sottement
Racontant
Son douloureux martire,
Froidement
Vous parlant
De son brûlant délire
Si j'étais femme, assurément
Je répondrais à cet amant:
N'avez-vous rien de mieux à dire !
Je voulus essayer un jour,
Dans un accès de tendresse,
De peindre à ma belle maîtresse
Et mes tourmens et mon amour.
J'étais d'une mal-adresse....
Ah! j'en ris;
Je lui dis:

CANTABILÉ

O vous, qui régnez sur mon âme,
Disposez de mon sort.
Oui, je brûle pour vous de la plus vive flamme
J'attends de vous ou la vie ou la mort.
Après ce début pathétique,
Débité sur un ton tragique,
Faisant un peu réflexion,
Je trouvais si comique
Ma déclaration

Et mon triste délire,
Que je me détournai pour éclater de rire.
Me voyant dans l'embarras,
La Dame bonnement me répondit, hélas!
(C'était une femme de tête
Qui me voulait du bien :)
Voyant que je ne lui disais rien,
Elle me dit du ton le plus honnête :
Ce que vous peignez mal, ah! vous le prouvez bien.
Depuis ce tems ...
     Je ne puis voir sans rire, etc.
Pour maîtresse, moi, j'ai la Gloire,
Et je préférerai toujours
Les palmes de la Victoire
Aux myrthes des Amours.

Tout le monde revient de la Fontaine : allons trouver madame Pimpard, et voir si elle a suivi mes instructions.

SCENE II.

Mad. de la DURANDIÈRE, ATALA, TERPSI-CHORE, AMÉLIE. (*Edmond et Roger saluent et rentrent dans leur appartement.*)

Mad. de la DURANDIÈRE.
Monsieur, j'ai bien l'honneur de vous remercier.

AMÉLIE, à *Roger.*
Monsieur, je vous salue.

ROGER.
Adieu, mademoiselle.

TERPSICHORE.
Monsieur, je vous remercie de votre complaisance.

Mad. de la DURANDIÈRE, à *Amélie qui regarde Roger partir.*
Eh bien! que faites-vous donc? vous ne songez pas à monter.

AMÉLIE.
J'y vais, ma tante.

Mad. de la DURANDIÈRE.
Ma tante... Ma tante... Vous devriez bien vous défaire de la mauvaise habitude que vous avez de m'appeler ainsi.

TERPSICHORE.
Sans doute, dans la bonne société à Paris, on ne dit jamais ma tante.

Mad. de la Durandière.

Ma tante! cela me fait autant de mal que lorsque mon mari m'appelait mon cœur ou mon chou.

Amélie.

Comment faut-il donc vous appeler, ma tante?

Mad. de la Durandière.

Mais, madame de la Durandière, et vos cousines, mesdemoiselles de la Durandière. — Pourquoi donc êtes-vous restée si long-tems à la fontaine? Je vous dis de partir, et vous ne suivez pas mes ordres.

Amélie.

Ma tante, c'est que....

Mad. de la Durandière.

Eh bien! c'est que....

Amélie.

J'avais promis deux contredanses à ce monsieur qui vient de m'accompagner.

Mad. de la Durandière.

Et que vous disait-il, ce monsieur qui vous a accompagné?

Amélie.

Oh! il est bien aimable, bien poli; car il me jurait que de sa vie il n'avait été si heureux.

Terpsichore, *bas à sa mère.*

Pourquoi donc l'avoir conduite aujourd'hui?

Amélie.

Il m'a fait promettre que je danserais beaucoup de contredanses avec lui ce soir.

Mad. de la Durandière.

Ah! vous comptez aller au bal ce soir? Ce n'est pas moi qui vous y conduirai.

Amélie.

Ma tante, je mettrai ma robe d'organdi.

Terpsichore.

Certainement ma mère ne peut se charger d'une personne qui ne fait pas ses volontés.

Atala.

D'ailleurs votre maman a besoin de vos soins, et vous devriez rougir d'aller danser quand elle est malade.

Amélie, *pleurant.*

Ah! si elle ne l'avait pas voulu absolument, je ne serais pas sortie. Vous me faites bien de la peine de me faire de semblables reproches... Ma pauvre mère!...

M^{ad}. de la DURANDIÈRE.

Allez, allez, elle peut avoir besoin de vous.

AMÉLIE, *toujours pleurant.*

J'y vais... Adieu, ma tante.. Je vous remercie.

(*Elle sort.*)

SCÈNE III.

Les Précédens, excepté AMÉLIE.

Mad de la DURANDIÈRE.

Eh bien ! Atala, conçois-tu le caprice de ton cousin ?

ATALA.

Non, ma mère.

TERPSICHORE.

Avez-vous remarqué comme Amélie provoquait les regards du général ; comme elle affectait de rougir et de pâlir en lui donnant la main ? Comme cela était joué ! Comme elle est déjà méchante et perfide ! N'y aurait-il pas quelque moyen de prévenir le général contr'elle ?

(*Elles doivent dire cette scène en rentrant chez elles.*)

SCÈNE IV.

LE GÉNÉRAL, Mad. PIMPARD.

Mad. PIMPARD.

Eh bien ! monsieur le général, que dites-vous de vos cousines la Durandière ?

LE GÉNÉRAL.

Que de ma vie je n'ai rien vu de plus ridicule. Je ne conçois pas que leur mère ait été assez dénuée de bon sens pour les entretenir dans ces extravagances. L'une parle un jargon inintelligible ; l'autre saute de la manière la plus indécente. Dans le peu de tems qu'elles ont vu la société à Paris, elles n'en ont saisi et copié que les ridicules. Avec quel orgueil elles ont traité leur petite cousine !

Mad. PIMPARD.

Ah ! c'est une jeune personne remplie de douceur et de vertu.

LE GÉNÉRAL.

Quant au nouveau général Roger, il m'a beaucoup fait rire. Il oublie souvent son rôle. Il a dit à quelqu'un qui l'interrogeait, qu'il servait dans le quinzième régiment de cavalerie. En effet, il en porte le numéro. Je l'ai facilement jugé. C'est un étourdi que je crois brave et honnête ; il aime la jeune Amélie et en est aimé... Il sert dans le quinzième de cavalerie ! Il serait singulier que ce fût le frère de Roger, mon brave camarade.

Mad. PIMPARD.

C'était sans doute un de vos parens ?

LE GÉNÉRAL.

Non ; il portait le même nom que moi : c'était mon intime ami. Il mourut dans mes bras, il y a six mois, sur le champ de bataille. A cette époque, je partis de France.... Quand j'y songe... Il y a de la ressemblance.... Ce Roger sert dans la quinzième de cavalerie. . , Parbleu ! la rencontre serait étonnante, précisément lorsque je songe à son avancement. — Quel est ce monsieur de Blansac qui donnait le bras à ces demoiselles ?

Mad. PIMPARD.

Oh ! pour celui-là, je n'en sais rien. C'est une existence équivoque ; et ce qui me fait sur-tout mal augurer de lui, c'est qu'il ne m'a pas encore payé. Tout ce que j'ai pu en tirer, ce sont de belles promesses. Il m'a même dit en confidence, (mais moi je ne peux rien cacher d'abord) il m'a dit qu'il n'attendait que votre arrivée pour se marier avec mademoiselle de la Durandière l'aînée, à qui vous deviez donner votre fortune par testament.

LE GÉNÉRAL.

Je ne savais pas que mes dispositions testamentaires fussent faites.—Vous avez bien gardé mon secret ?

Mad. PIMPARD.

Oui, monsieur.

LE GÉNÉRAL.

Personne ne sait....

Mad. PIMPARD.

Si fait, monsieur, j'en ai parlé à un garçon sûr et discret, à qui j'étais bien aise de confier...

LE GÉNÉRAL.

Et quel est ce garçon sûr et discret ?

Mad. PIMPARD.

C'est le tambour-major du régiment de la garnison, qui doit venir avec la musique saluer...

LE GÉNÉRAL.

Comment? après m'avoir promis!

Mad. PIMPARD.

C'est vrai, monsieur le général; mais cela ne vous regarde pas. C'est le prétendu médecin qui m'a prié de prévenir le tambour-major.

LE GÉNÉRAL.

Quel est son dessein?

Mad. PIMPARD.

Je ne le devine pas. Mais je vous avoue que je ne serai pas fâchée que la musique et les tambours fassent un peu de bruit dans le quartier. Cela parviendra aux oreilles de la voisine du Cheval Blanc; et il est agréable pour moi qu'elle sache que j'ai chez moi un personnage d'importance.

LE GÉNÉRAL.

C'est juste, madame.

Mad. PIMPARD.

Voici le médecin qui vient me demander sans doute si j'ai fait sa commission.

LE GÉNÉRAL.

Je vais avoir l'air de m'occuper à lire cette gazette.

SCÈNE V.

Les Mêmes, EDMOND.

EDMOND.

Eh bien! madame Pimpard, avez-vous averti?

Mad. PIMPARD.

Oui, monsieur le docteur, la musique et les tambours vont venir.

EDMOND.

Bien! (à part.) J'espère qu'à présent il sera forcé de partir.— (à Mad. Pimpard.) Ne dites jamais au général que c'est moi qui vous ai priée...

Mad. PIMPARD.

Ne craignez rien, monsieur le docteur. Dieu merci, je sais me taire, quand il le faut.

TRIO.

LE GÉNÉRAL.
Ah! monsieur est docteur?

Mad. PIMPARD.
Oui, monsieur,
Docteur en médecine.

LE GÉNÉRAL.
Il n'en a pas trop la mine.

EDMOND, *riant, à part.*
Je n'en ai pas trop la mine.

Mad. PIMPARD.
Il accompagne un général,
Qui se nomme Roger.

EDMOND, *impatienté.*
Elle ne peut se taire.

Mad. PIMPARD, *à Edmond.*
J'ai peut-être fait mal!

EDMOND, *au général.*
Madame vous l'a dit, je n'en fais plus mystère;
Je voulais pourtant le cacher.

LE GÉNÉRAL, *ayant l'air de se rappeler.*
Vous revenez sans doute avec lui d'Italie,

EDMOND, *à part.*
Soutenons jusqu'au bout cette plaisanterie.
(*au général.*) Oui je reviens avec lui d'Italie.

{ ENSEMBLE.

Sans moi, monsieur, il était mort;
En honneur, il me doit la vie.
Mad. PIMPARD, *au général.*
Il soutient la plaisanterie;
Sans lui, monsieur, vous étiez mort.
LE GÉNÉRAL, *riant.*
Il soutient la plaisanterie.
Quoi! sans lui j'étais mort!
Ah! c'est un peu trop fort.

EDMOND.
Je l'accompagne
Depuis sa dernière campagne.

LE GÉNÉRAL.
Siete Italiano?

EDMOND, *embarrassé.*
Oui, oui, si vous voulez.

LE GÉNÉRAL.
Du moins vous le parlez?

EDMOND.
Oui, oui, si vous voulez.
Mais j'ai vécu long-tems en France,
Et je parle Français...

LE GÉNÉRAL.

Avec beaucoup d'aisance
Oui, oui, c'est étonnant,
Vous n'avez pas du tout d'accent.

EDMOND.

Non, je n'ai pas d'accent.

Mad. PIMPARD.

Monsieur n'a pas du tout d'accent.

LE GÉNÉRAL.

Mais à quelle bataille
Fut blessé votre général ?

EDMOND, *cherchant*

Mais c'est à cette bataille...
(*à part.*) Je n'en sais rien. Ma foi, je m'en tirerai mal.

LE GÉNÉRAL, Mad. PIMPARD.

Il n'en sait rien, je crois ; il s'en tirera mal.
Il ne voit pas qu'on le raille.

EDMOND, *haut.*

Mais c'est à cette bataille
Où le héros Français culbuta l'ennemi.

LE GÉNÉRAL.

C'est n'en désigner aucune.
Est-ce Millesimo, Arcole, Mondovi ?

EDMOND, *à part.*

Il faut pourtant en nommer une.
(*haut.*) Oui, c'était à Mondovi.

LE GÉNÉRAL.

N'était-ce pas plutôt la bataille d'Arcole ?

EDMOND, *à part.*

Ah ! diable, j'ai fait une école.
(*haut.*) C'était Arcole ou Mondovi
Je fus le secourir sur le champ de bataille,
Le pauvre général, tandis que l'ennemi
Faisait un feu de mitraille !...

LE GÉNÉRAL.

C'était vous exposer.

EDMOND, *tragiquement.*

C'était pour mon ami ;
Je le ferais encor de la même manière
Tel est mon caractère ;
Il est beau d'exposer ses jours pour son ami.

LE GÉNÉRAL, Mad. PIMPARD, *à part.*

Sans s'exposer, il peut le faire ;
C'est un heureux caractère.
(*haut.*) Il est beau d'exposer ses jours pour son ami.

LE GÉNÉRAL.

Ainsi il va mieux.

EDMOND.

Oui et non. D'abord, il a des absences.... Oui, la tête
un peu faible.... Vous savez ?

LE GÉNÉRAL.

Non, je n'en sais rien.

Mad. PIMPARD.

Vraiment? (*à part.*) Je le crois bien.

LE GÉNÉRAL.

Et à quoi cela tient-il?

EDMOND.

Cela tient à une affection.... particulière. Il a reçu aussi deux coups de sabre sur la tête.

LE GÉNÉRAL.

Ah! miséricorde!

EDMOND.

Et vous savez que les coups sur la tête sont très-dangereux, parce que cela ébranle les masses du cerveau; et vous savez que le cerveau, étant en rapport immédiat avec toutes nos facultés sensitives, est, pour ainsi dire, l'axe auquel viennent aboutir tous les rayons de la sensibilité de l'esprit et de l'entendement. (*à part.*) Ah! j'espère que c'est parler comme un docteur.

LE GÉNÉRAL.

Très-bien raisonné!... (*à Mad. Pimpard.*) Monsieur a l'air très-savant?...

Mad. PIMPARD.

Qu'en pensez-vous?

SCÈNE VI.

Les Mêmes, M. RAYMOND.

RAYMOND.

Madame, pourriez-vous me dire où est mon cousin, monsieur le général Roger, et si je peux le voir?

Mad. PIMPARD.

Cela est impossible dans cet instant.

RAYMOND.

Voilà quatre fois que je viens dans dix jours. Je suis ici à mes crochets. Je vous avoue que je mange le mien. Puisqu'on m'a dit que monsieur le Général était arrivé, je voudrais savoir, une bonne fois pour toutes, à quoi m'en tenir.

Mad. PIMPARD.

Et comment avez-vous appris, monsieur?...

RAYMOND.

C'est au café de l'Union. J'entends dire à un grand
diable, qui avait une grosse canne à pomme d'or ; qu'il
va saluer le général Roger, qui était logé à la Corne de
Cerf avec son médecin. Je suis accouru pour voir mon
cousin et lui dire quelle joie j'éprouve... Eh ! comment
va-t-il, mon cousin ? est-il toujours bien faible ?

Mad. PIMPARD.

Demandez à monsieur.

RAYMOND.

Ah ! monsieur est le médecin, peut-être ?

Mad. PIMPARD.

Justement.

EDMOND.

Oui, monsieur. (*à part, en riant.*) C'est un héritier :
il va me faire la cour.

RAYMOND.

Eh bien ! monsieur, si mon cousin savait tout l'attache-
ment que je lui porte.... Dites-moi franchement dans
quel état est-il. J'aime mieux recevoir le coup tout de
suite.

EDMOND.

Mais il est assez bien.

RAYMOND.

Ah ! il est donc mieux ?.... Et savez-vous dans quelles
dispositions il est pour sa famille ?

EDMOND.

Mais il paraît qu'il est très-attaché à ses parens.

LE GÉNÉRAL, *bas à Mad. Pimpard.*

Son sang-froid et sa patience sont admirables.

Mad. PIMPARD.

Cela le divertit.

RAYMOND.

Ah ! il nous est très-attaché ! C'est qu'il ne se souvient
peut-être plus de moi. Je lui ai rendu de grands services
cependant ; mais cela s'oublie.

EDMOND.

Votre nom.

RAYMOND.

Je m'appelle François Raymond, pour vous obéir. Ma
mère qui était une *Bernard* de son nom de fille, était cousine de madame veuve Roger, mère du général. C'est
peut-être à moi qu'il doit ce qu'il est maintenant.

LE GÉNÉRAL, *bas.*

Voilà ce que j'ignorais.

RAYMOND.

Il venait à la maison; c'était un futé compère... Sa mère était trop bonne; elle le gâtait; et moi, je prenais la peine de le corriger, ferme.

LE GÉNÉRAL.

Oh! pour ça, je m'en souviens.

RAYMOND.

Mais c'était pour son bien, et j'espère qu'il en sera reconnaissant.

EDMOND.

Ah! je n'en doute pas.

RAYMOND.

Monsieur, dites-le moi en confidence : croyez-vous qu'il en réchappe?

EDMOND.

Mais, d'après les signes patognomoniques.....

RAYMOND.

Patognomoniques?... Ça doit être de mauvais signes.

EDMOND.

Il est vraisemblable que je le tirerai d'affaire.

RAYMOND.

Ah! il se tirera d'affaire!

EDMOND.

Vous le verriez, à présent, que vous jugeriez qu'il se porte aussi bien que moi.

RAYMOND.

J'entends; c'est concentré. Enfin cela sera bien heureux, s'il guérit. Mais si cela tournait autrement, j'aimerais autant que le bien de mon cousin me tombât qu'à un autre.

EDMOND.

Cela est juste.

RAYMOND.

Enfin, je suis son sang... J'ai six garçons à élever, et avec ma petite place de l'enregistrement, je ne pense pas en venir à bout.

LE GÉNÉRAL, *bas.*

Venez, madame Pimpard; j'ai quelque chose à vous dire. (*Ils sortent.*)

3

SCÈNE VII.

EDMOND, RAYMOND.

EDMOND, à part.

Mon cher Roger, puisque tu as voulu me faire rester, je veux un peu m'amuser à tes dépens. (à Raymond.) Écoutez, monsieur Raymond, votre physionomie, vos manières, votre situation : tout en vous m'intéresse, et je vais vous faire voir votre cousin. Il ne veut pas être connu et ne me le pardonnerait jamais, s'il savait que je vous ai confié ce secret.

RAYMOND.

C'est un singulier secret ; toute la garnison est dans la confidence.

EDMOND.

N'importe ; trouvez-vous à deux heures dans cette salle. On s'y rassemblera pour faire de la musique. Lorsqu'il en sera tems, je vous ferai un signe, comme cela : je vous montrerai votre cousin. Alors vous volerez dans ses bras. Il se défendra d'abord ; il dira que vous vous trompez...

RAYMOND.

Est-ce qu'il est fier ?

EDMOND.

Ah ! mon dieu, non. Mais il a d'autres raisons... Voici des dames. Je vais le trouver : songez bien, à deux heures, attendez que je vous fasse signe. (Il sort.)

RAYMOND.

Oui, oui. Que de grâces !... C'est un brave homme que ce docteur ! s'il pouvait me revenir de la succession, seulement... Ah ! mon dieu : ce sont mes cousines.

SCENE VIII.

Mad. de la DURANDIÈRE, ATALA, TERPSICHORE, RAYMOND, M. de BLANSAC.

TERPSICHORE.

Allons répétons notre trio ; le piano est d'accord.

ATALA.

Ah! ma mère, voilà M. Raymond... Quelle rencontre pénible!

TERPSICHORE.

Quel ennui!

RAYMOND.

Bonjour, mes cousines. Parbleu! je suis enchanté de vous trouver; je ne savais pas où vous logiez; je ne vous ai pas vues depuis votre voyage de Paris. Permettez, ma cousine...

ATALA, *refusant de l'embrasser.*

Mes cousines.. Je ne sais pas trop pourquoi vous nous donnez ce nom.

RAYMOND.

Mais par la même raison que je vous le donnais avant votre voyage. Est-ce qu'on n'a plus de cousins quand on a été à Paris?

Mad. de la DURANDIÈRE.

Vous êtes fou...

ATALA, *bas.*

Ah! monsieur de Blansac, quel homme!

BLANSAC.

Sa tenue et sa conversation sont peu soignées?

TERPSICHORE.

Quelle tournure!

Mad. de la DURANDIÈRE.

Quelle éducation! et qui vous attire ici?

RAYMOND.

Le même motif que vous. Je viens pour avoir le plaisir d'embrasser mon cousin le général... A-propos, avant de partir, j'ai vu votre procureur.

ATALA.

Oui, notre homme d'affaires!

RAYMOND.

Il devait plaider le lendemain de mon départ. Mais il m'a dit qu'il lui manquait un papier très-essentiel; et que vous pourriez bien perdre votre procès. Au reste j'ai reçu aujourd'hui une lettre pour vous, et sûrement vous saurez votre sort.

ATALA.

Je n'en suis pas inquiète.

TERPSICHORE, *bas à Atala.*

On va se rassembler... Il est bien mal tenu pour rester dans le sallon; et je parie qu'il ne dit pas un mot sans nous appeler ses cousines.

Mad. de la D U R A N D I È R E.

Il n'a rien à faire ici, et il faut nous en débarrasser.— Mon cher monsieur Raymond...

RAYMOND.

Ma cousine...

Mad. de la D U R A N D I È R E.

On va se rassembler dans le salion.

RAYMOND.

Je le sais.

Mad. de la D U R A N D I È R E.

La société est choisie...

RAYMOND.

Tant mieux.

Mad. de la D U R A N D I È R E.

Et composée de personnes qui ont vécu à Paris.

RAYMOND.

J'en suis bien aise: j'aime le beau monde, moi.

Mad. de la D U R A N D I È R E

Et je vous avoue qu'avec cette mise, ces bottes, ce chapeau, cet habit...

ATALA.

Demandez à monsieur, si on se permettrait à Paris.

BLANSAC.

Il serait bien plaisant de voir monsieur à Paris avec cet accoutrement.

RAYMOND.

Je ne sais pas, monsieur, si cela serait plaisant, mais cela m'est commode. Je porte un habit de camelot en été, parce que c'est plus léger; des bottes, parce que j'arrive à cheval; et ce chapeau, parce qu'il me garantit du soleil et de la pluie. Je suis désespéré que mon accoutrement vous déplaise; mais, en vérité, je ne changerai pas pour être à votre goût.

BLANSAC.

Ah! les bonnes raisons!..... Monsieur n'est pas très-galant.

RAYMOND.

Monsieur, je suis ce que je suis; je ne me mêle pas de votre mise...

BLANSAC.

C'est dommage.

RAYMOND.

Ni de vos affaires, et je vous prie de ne pas vous inquiéter des miennes. Je vous préviens que je ne suis pas endurant, et que je trouve très-mauvais que vous ayez jeté mon chapeau par terre, entendez-vous, monsieur de Paris ?

BLANSAC.

Allons c'est un grossier....et si je ne respectais...

ATALA.

Modérez-vous, monsieur de Blansac.

BLANSAC.

Madame.... par obéissance....

Mad. de la DURANDIÈRE, *à Raymond.*

Appaisez-vous, monsieur Raymond.

RAYMOND.

Il croit, parce que...

Mad. de la DURANDIÈRE.

Monsieur Raymond, vous nous rendriez vraiment service, si vous vouliez aller chercher cette lettre et..... nous l'envoyer par quelqu'un.

RAYMOND.

Je vous l'apporterai ce soir.

TERPSICHORE.

Nous voudrions l'avoir promptement.

RAYMOND.

Allons, mesdames, je vois bien que je vous gêne ; je me retire. Je vais chercher cette lettre ; sans adieu. Mais ne vous réjouissez pas, vous me reverrez bientôt. Adieu monsieur de Paris.   (*Il sort.*)

ATALA.

Je vous demande excuse pour mon cousin. Quelle honte pour nous !..... Voici le docteur et le Général qui descendent dans cette salle...Il faut que vous parliez avant que nous nous présentions.

BLANSAC.

Oui, oui, rentrez ; cette conversation est essentielle.

SCENE IX.

BLANSAC, EDMOND, ROGER.

BLANSAC.

Messieurs, je vous salue.

EDMOND, ROGER.

Monsieur....

BLANSAC.

Parbleu ! monsieur, permettez-moi d'unir ma voix à celle de vos admirateurs.

ROGER.

Pourquoi donc, monsieur?

BLANSAC.

Pour vous féliciter sur le fini de votre danse et le parfait de son exécution.

ROGER.

Monsieur, vous êtes trop bon.

BLANSAC.

Non; d'honneur, c'est délicieux. J'étais à la Fontaine avec deux femmes charmantes qui étaient dans la stupeur. Ce sont mesdemoiselles de la Durandière. Monsieur leur a parlé et a pu se convaincre par lui-même....

EDMOND.

Ce sont des femmes étonnantes....

BLANSAC.

Ah! je suis ravi d'être là-dessus d'accord avec votre sentiment. Cela sait tout, parle de tout...

EDMOND.

Je m'en suis aperçu.

BLANSAC.

Elles sont cousines de ce fameux général Roger, dont vous avez peut-être entendu parler.

ROGER.

Oui, oui, c'est un homme du premier mérite.

EDMOND, *bas.*

Tu n'est guères modeste.

BLANSAC.

Il est aussi renommé par la bonté de son cœur, que par l'élévation de son courage. Eh bien! monsieur, ses deux cousines, sont à mon gré et à celui des connaisseurs, le *nec plus ultra* de l'amabilité, de la grâce, de la science et du talent. L'aînée, sur-tout, est une petite encyclopédie ambulante.

ROGER.

Il paraît, monsieur, que vous les connaissez beaucoup?

BLANSAC.

C'est ma société d'habitude. Il y a une grande conformité dans nos manières et dans nos goûts.

EDMOND.

Cela vous fait honneur, monsieur; et cela suppose aussi dans ces dames autant de discernement qu'elles ont de grâces et de talens.

BLANSAC.

Ceci, monsieur est de la dernière honnêteté.

ROGER.

N'ont-elles pas une cousine ?

BLANSAC.

Oui, une petite parente qui n'a aucun rapport, aucune analogie avec elle.

ROGER, *à part.*

Je m'en suis apperçu. (*haut.*) Elle est jolie ?

BLANSAC.

Jolie, si vous voulez.

ROGER.

D'une naïveté, d'une candeur !..... (

BLANSAC.

Dites plutôt d'une coquetterie...Qui ressemble beaucoup à l'expérience... Et d'une fausseté !...Enfin, on sait sur son compte plusieurs choses qui ne sont pas du tout à son avantage.

ROGER.

Comment?

BLANSAC.

Des avantures...

ROGER.

Racontez-moi...(*à part.*) Cet homme me poignarde.

BLANSAC.

Je ne veux pas qu'on me prenne pour une mauvaise langue.

EDMOND.

Enfin, dites-moi....

BLANSAC.

On va se rassembler pour faire de la musique. Voici la société et ces dames....Vous allez les entendre chanter dans le dernier goût.

SCÈNE X.

Les Mêmes, Mad. de la DURANDIÈRE, ATALA, le GÉNÉRAL et toute la Société. (*On se salue.*)

LE GÉNÉRAL.

On nous a fait espérer, mesdames, que nous aurions le bonheur de vous entendre.

ATALA.

Si Signor.... (*se reprenant.*) Oui, monsieur, j'essaierai de donner quelques sons.

Mad. de la DURANDIÈRE.

J'espère que tu vas parler.

ATALA.

Oui, ma mère, je vais commencer. Je crains bien, messieurs, de ne pas mériter votre suffrage.

TOUS.

Ah! mademoiselle.

ATALA.

Une fatale insomnie a terni la pureté de mon organe, et ma voix se prêtera difficilement aux inflexions que demandera mon cœur.

EDMOND.

Vous aimez beaucoup la musique?

ATALA.

Yes Sir.... (*se reprenant.*) Pardon, je suis si distraite.... La musique est le plus doux charme des âmes mélancoliques.

LE GÉNÉRAL.

Il paraît, mademoiselle, que vous possédez toutes les langues?

Mad. de la DURANDIÈRE.

Mes filles viennent de Paris, monsieur; elles y ont tout appris.

EDMOND.

Tout!.... Cela prouve une grande facilité.

Mad. de la DURANDIÈRE.

Certainement.

ATALA.

Paix, ma mère.... Monsieur, je me suis un peu occupée de langues, d'arts, de sciences.

LE GÉNÉRAL.

De sciences!

ATALA.

Je fréquentais les spectacles, les cours publics, les musées, les lycées, les atheuées.

BLANSAC.

Mademoiselle a lu à l'athenée de Montauban une pièce fugitive qui a eu un succès parfait.

ATALA, *avec une modestie affectée.*

Grâces à l'indulgence du public.

BLANSAC, *à Roger.*

Elle est d'une modestie....

ROGER.

Extraordinaire.

BLANSAC.

C'est une femme comme il y en a peu.

EDMOND.

C'est très-heureux.

Mad. de la DURANDIÈRE.

Ma fille a eu beaucoup d'agrément aussi au bal masqué de l'Opéra.

LE GÉNÉRAL.

Quelque quiproquo, quelqu'avanture piquante ?

ATALA.

Cela tenait uniquement à la facilité que j'avais à m'énoncer, et à l'encouragement que me donnaient et mon masque et les suffrages de ceux qui causaient avec moi. D'ailleurs, j'avais un costume un peu piquant et moins commun que les éternels et tristes dominos : j'étais en Diane.

Mad. de la DURANDIÈRE.

Oui, et sa sœur et moi, nous étions en nymphes de la suite, en costume sévère, drapées d'après l'antique.

ROGER.

En nymphes! en Diane! C'était à l'effet. Vous dûtes rencontrer beaucoup d'Actéons ?

Mad. de la DURANDIÈRE.

Actéon!... Actéon!... Connais-tu ?

ATALA.

Monsieur, je ne sais...

EDMOND.

Peut-être s'éloignèrent-ils de vous, craignant la métamorphose?

ATALA.

La métamorphose !... Ah! oui, je me rappelle... Ma mère, vous savez que mon maître de dessin et de littérature, nous a dit qu'Actéon avait été changé en cerf.

Mad. de la DURANDIÈRE.

Oui, oui, c'était l'amoureux de la princesse; mais c'est un conte pour rire.

EDMOND et ROGER.

L'amoureux de la princesse !

ATALA, à sa mère.

Croyez-vous que ma conversation les ait touchés?

Mad. de la DURANDIÈRE.

Ils sont dans le ravissement. Chante avec ta sœur et tu porteras le dernier coup... Cette fois, elle trouvera un bon parti.

ATALA.

Voici ma sœur qui apporte ma musique.

SCÈNE XI.

Les Précédens, TERPSICHORE.

Mad. de la DURANDIÈRE.

La musique, c'est ma passion... Mon enfant, tu as bien chaud ?

TERPSICHORE.

Je viens de travailler, de faire des battemens.

Mad. de la DURANDIÈRE.

Pauvre enfant! (*elle l'embrasse.*)

LE GÉNÉRAL.

Me diriez-vous, madame, ce que c'est que faire des battemens ?

Mad. de la DURANDIÈRE, *faisant des battemens en relevant ses jupons.*

Voilà ce que c'est, monsieur. C'est très-fatiguant; et cette pauvre petite s'en occupe six heures par jour.

LE GÉNÉRAL.

Six heures! Mademoiselle votre fille veut donc débuter à l'Opéra?

Mad. de la DURANDIÈRE.

Non, monsieur; c'est pour son plaisir.

BLANSAC.

Et plus encore pour le charme de la société.

ATALA.

Nous allons chanter le trio de l'autre jour... Ah! toujours cette Amélie!

SCENE XII.

Les Précédens, AMÉLIE.

Mad. de la DURANDIÈRE, *à Amélie, bas.*

Que venez-vous faire ici?

AMÉLIE.

Maman m'a permis de venir entendre votre musique.

Mad. de la DURANDIÈRE.

Asseyez-vous.

(*On donne des sièges.*)

ATALA.

Allons, monsieur de Blansac, nous comptons sur vous pour le trio.

BLANSAC.

Ah! mesdames, vous savez combien je suis enroué.

ATALA.

Messieurs, priez un peu M. de Blansac.

BLANSAC.

Non, c'est impossible.

LE GÉNÉRAL.

Pourquoi prier M. de se fatiguer pour nous?

BLANSAC.

Allons, messieurs, je ne veux pas vous refuser. Je suis prêt à vous faire tous les sacrifices, même celui de mon amour-propre.

(*Tout le monde est assis, excepté Atala, Terpsichore et M. de Blansac. Mad. de la Durandière Amélie du côté opposé à Roger. On chante un trio, au choix des musiciens, où les agrémens doivent être prodigués, quoique le sentiment qu'on doit exprimer exige le contraire. Pendant le dernier point d'orgue, M. Raymond parait dans le fond. Edmond lui indique Roger, en le pressant de se jetter dans ses bras.*)

FINALE.

Mesd. de la DURANDIÈRE, BLANSAC.

Messieurs, veuillez prendre place.

LES HOMMES, *se placent.*

Nous voilà très-bien ainsi.

Mesdames, commencez, de grâce.

Mad. de la DURANDIÈRE, *sechement à Amélie.*

Mademoiselle, par ici.

ATALA, TERPSICHORE.

C'est un trio d'un grand maître,
Vous le connaissez peut-être ?
Et nous l'avons appris
De ce grand maître à Paris.
Nous demandons de l'indulgence;
Faites attention sur-tout
Que les traits sont du dernier goût.

TOUS.

Faisons silence.

TERPSICHORE, *distribuant les parties.*

Toi, tu fais la princesse.

BLANSAC.

Et moi, je fais l'amant.

TERSIPCHORE.

Et moi, je fais le tyran.

TOUS.

Faisons silence.

TRIO.

L'AMANT.

Tyran cruel, ta barbare clémence
Est plus affreuse que la mort.

Tu veux nous séparer ?...

LE TYRAN.

Vous bravez ma puissance.
Ah ! craignez ma vengeance.

LA PRINCESSE.

Si je meurs avec lui, je bénirai mon sort.
Crois-tu que je pourrai survivre
A son trépas ?
Oui, cher amant, je veux te suivre.
Cruel, n'arrêtez point mes pas.

L'AMANT.

Eh quoi ! tu ne pourrais survivre
A mon trépas ?
Chère amante, tu veux me suivre,
Eh bien ! je ne résiste pas.

LE TYRAN.

Cruelle, je veux te poursuivre
Jusqu'au trépas.
Hélas ! pour toi je voulais vivre.
A ton amant tu ne saurais survivre :
Eh bien ! tu mourras.

ENSEMBLE.

LA PRINCESSE, L'AMANT.	LE TYRAN.
Mourons ensemble.	Mourez ensemble,
Mourons tous deux.	Mourez tous deux.
Le sort qui nous rassemble	Le sort qui vous rassemble
Comblera tous nos vœux.	Comblera tous vos vœux.

EDMOND, *faisant signe à Raymond.*
Entrez, voici le moment.

RAYMOND, *s'élançant vers Roger,*
Permettez que je vous embrasse,
Mon cher cousin.

ATALA, TERPSICHORE, Mad. de la DURANDIÈRE.
L'impertinent !
Mais conçoit-on pareille audace !

EDMOND, LE GÉNÉRAL.
Cette rencontre l'embarrasse.

ROGER.
Moi, je suis votre cousin,

RAYMOND.
Oui, Général, vous êtes mon cousin ;
J'en suis certain.

TOUS.
Son cousin ! notre cousin !

EDMOND, LE GÉNÉRAL.
Cette rencontre l'embarrasse ;
Il faudra bien quitter la place.

RAYMOND.
Embrassez-moi donc, mon cousin.

COMEDIE.

ENSEMBLE.

EDMOND, RAYMOND.
Vous ne pouvez vous en défendre ;
Allons, allons, il faut vous rendre.
Pourquoi feindre plus long-tems !
Embrassez vos chers parens.

ROGER.
Je ne puis feindre plus long-tems ;
Embrassons mes chers parens.

EDMOND, *riant.*
Commencez par la mère.

ROGER, *l'embrassant.*
Ah ! permettez, madame.

ATALA, *la main sur le cœur.*
Ah ! mon cousin... quelle agitation !
Ce nom résonne dans mon âme ;
Il m'explique l'émotion
Que j'éprouvais...

BLANSAC, *bas à Atala.*
Vous trahissez ma flamme.

ATALA.
Quelle douce émotion.

TERPSICHORE, *se mettant en attitude.*
Mon cher cousin...

AMÉLIE.
Ah ! que je suis contente
Que vous soyez mon cousin !
Voulez-vous me permettre ! (*elle l'embrasse.*)

ENSEMBLE.

ROGER, LE GÉNÉRAL, EDMOND.
Ah ! sa candeur m'enchante.
Vraiment elle est charmante.
ATALA, TERPSICHORE, Mad. de la DURANDIÈRE.
Elle se croit charmante

AMÉLIE.
Qui me l'eût dit ce matin
Que je pourrais embrasser mon cousin !

ROGER.
Écoutez un instant ; veuillez bien me promettre
De garder le secret, seulement pour deux jours.

TOUS.
Oui, nous pouvons vous promettre
De garder le secret deux jours.

ROGER.
N'allez pas me compromettre.

Mad. PIMPARD.
Eh bien ! voilà les tambours.

ROGER.
Mais pourquoi donc ces tambours ?...

Mad. PIMPARD.
Il viennent, selon l'usage,
Au Général rendre hommage.
On sait que vous êtes ici.

ROGER.
Qui donc a pu les instruire !

Mad. PIMPARD.
Je ne saurais vous le dire.

LE GENERAL, Mad. PIMPARD.
Je vois le docteur sourire,
Il est ravi de tout ceci.

EDMOND.
Je ne puis m'empêcher de rire
De tout ceci.

AMELIE.
Je vais trouver maman, lui dire
Que mon cousin est ici

EDMOND, *riant, à Mad. Pimpard.*
Le dîner est-il prêt?

Mad. PIMPARD.
Oui, vous êtes servi.

ROGER.
Ma foi je suis au supplice:
Comment finira tout ceci!

EDMOND, *à Mad. Pimpard.*
Ah! vous m'avez rendu service.
(*à Roger.*) Entrons, puisqu'on est servi.

RAYMOND.
Ah! de le voir je suis ravi.

EDMOND.
Je ne puis m'empêcher de rire
De tout ceci.

LE GENERAL,
Je vois le docteur sourire, etc.
Entrons, entrons, on est servi.

FIN DU SECOND ACTE.

ACTE III.

SCÈNE PREMIÈRE.

BLANSAC, seul.

Ma foi, voilà une bonne journée! depuis long-temps je n'ai fait une si bonne rencontre. Six parties de suite, parolie, masse en avant. Me voilà en fonds. Voyons, que dois-je faire? J'ai ajourné tous mes créanciers après mon mariage que je croyais certain et très-avantageux. Mais la sensible Atala vient de recevoir la nouvelle de la perte de son procès; la santé du général ne m'offre pas de chance favorable pour l'héritage; et cela dérange toutes mes combinaisons, car j'ai toujours eu une passion très-raisonnable et très-bien raisonnée pour les riches héritières. Je trouve, moi, que rien ne tranquillise l'âme comme l'espérance d'une brillante succession. Et quel beau jour, que celui où l'on vient, à votre réveil, vous avertir, en pleurant, que c'est le moment de vous chagriner! Cela me fait venir les larmes aux yeux. Je sais bien qu'il y a des gens dans le monde qui parlent sans savoir et qui se permettent de m'appeler intrigant, chevalier d'industrie, parce que je vis du jeu et que je ne suis pas le sentier battu pour courir après la fortune...Ne sait-on pas que, pour l'attraper, la ligne la plus droite n'est pas toujours la plus courte ni la meilleure.

COUPLETS.

Nous jouons ici bas une grande partie
Où chacun fait sa mise et court après le gain.
La fortune est rétive, elle n'est asservie
Que par les gens adroits qui lui mettent un frein.
Si je veux la fixer, est-ce friponnerie?
Eh non! c'est m'assurer les chances du destin.
Pourquoi donc m'appeler Chevalier d'industrie,
Quand je fais ce qu'on fait dans tout le genre humain?

On cabale au Théâtre, au Palais on intrigue;
Plaideurs, musiciens, poëtes, orateurs;
A la ville, à la cour, chacun forme une ligue,
Cherche des partisans, des soutiens, des proneurs.
Eh bien! voit-on quelqu'un avoir l'effronterie
De blâmer ces messieurs, d'attaquer leur honneur!
Et doit-on m'appeler Chevalier d'instrutrie,
Quand je cherche, comme eux, à fixer le bonheur

Cydalise, autrefois, était plus que coquette ;
Elle affecte à présent et décence et pudeur.
Pour trouver un mari, chaque jour elle apprête
Ses regards, ses discours, son maintien, sa fraîcheur.
En elle tout est faux ; mais c'est-coquetterie ;
Elle épouse un Crésus, elle est femme de bien,
Pourquoi donc m'appeler Chevalier d'industrie,
Moi qui cherche l'honneur par le même moyen ?

Si je reste ici, il faudra que j'entre dans des discussions d'intérêt, ce que je déteste. Ainsi... Ah ! j'apperçois ma précieuse sentimentale.

SCENE II.

ATALA, BLANSAC.

ATALA.

Monsieur de Blansac, vous avez été témoin de la scène scandaleuse que ma mère vient de faire : vous en connaissez la cause. Elle regrette quelques mille livres, et c'est bien naturel. Pour moi, d'autres soins absorbaient mes idées, et l'intérêt ne troublera jamais mon âme.

BLANSAC.

Fi donc, l'intérêt !

ATALA.

Que j'aime à vous voir partager mes sentimens ! Que les vanités de la fortune sont petites, auprès des grandes conceptions d'une âme aimante !

BLANSAC.

Vous avez raison... Que ces vanités sont puériles !

ATALA.

Que faut-il pour être heureuse ? Un ami sûr, dont le cœur et l'esprit vous entendent... Une hutte sauvage... Un désert avec lui... Seraient pour moi les plus riches temples de la nature. Mais où trouver cet ami sûr ?

BLANSAC.

Il s'en présentera, gardez-vous d'en..

ATALA.

Je vous devine. Écoutez-moi, ne m'interrompez pas.

BLANSAC.

Je ne vous interromprai pas. (à part.) Que diable va-t-elle me conter ?

ATALA, d'un ton sentimental, et composé

Monsieur de Blansac, depuis long-temps mon cœur enveloppé des voiles impénétrables que formaient autour de lui ma pudeur et ma modestie, vous avait soigneusement caché le trouble mélancolique qu'il éprouvait. Le calme était sur mon visage ; une tempête affreuse agitait mon âme.

BLANSAC.

Quel est l'heureux mortel qui causait cette tourmente affreuse ?

ATALA.

Vous brûlez de le connaître. J'aime cette bouillante impatience ; et, loin de chercher par un manège de coquetterie que méprise une âme forte à épaissir le voile de ce mystère, je veux le déchirer à vos yeux.

BLANSAC.

Ah ! oui, déchirez le voile... Faites moi ce plaisir...

ATALA.

J'ai senti, apprécié votre délicatesse, lorsque, pensant que j'étais une riche héritière, vous n'avez osé me proposer un hymen auquel la disproportion de nos fortunes semblait devoir mettre obstacle. Aujourd'hui qu'elle n'existe plus, que je connais vos malheurs et la proscription dont vous avez gémi, je viens vous déclarer franchement que je vous ai tenu compte de votre réserve ; que ma foi, ma main sont à vous : j'en prends à témoin l'astre brillant qui nous éclaire... Point de remercîmens.

BLANSAC, à part.

Elle choisit bien son moment. Parce qu'elle n'a plus d'argent, elle vient s'offrir : c'est extrêmement délicat.

DUO.

ATALA.

Fils de l'exil et du malheur,
Oui, je vous consacre ma vie.
C'est un dépôt que je confie
Aux tendres soins de votre cœur.

BLANSAC.

Ah ! c'est sur mon amour que son espoir se fonde.

ATALA.

J'aime cette aimable stupeur,
Ce touchant embarras !

BLANSAC, ne sachant que dire.

Ma joie et mon bonheur...

(à part.) Il faut pourtant que je réponde
(haut) Ah ! grands dieux ! au fils du malheur
Vous consacrez donc votre vie ?"
Le dépôt qu'amour me confie
Sera conservé par mon cœur.

ATALA.

Oui, vous me conduirez sur l'océan du monde

4

BLANSAC.

Je suis mauvais pilote , et je crains cette mer...
En naufrages elle est féconde.

ATALA.

Eh bien ! allons dans le fond du désert...

BLANSAC, *balbutiant.*

Oui, j'aime le feuillage ;
Moi , j'aime beaucoup le désert.
(à part.) Mais où veut-elle me conduire !

ATALA.

Quelle foule de sentimens
La solitude nous inspire !
Des passions et des amans
Elle est le véritable empire.
(*Puis ensemble.*)

BLANSAC, *à part.*

Avec tous ces beaux sentimens
Que la nature nous inspire...
Les passions..., et les amans...
Ah ! d'honneur elle me fait rire.

ENSEMBLE

Fils de l'exil, etc.   Ah! grands dieu ! etc.

ATALA.

Il faut nous séparer. Conservez dans votre âme
Le souvenir d'Atala.

BLANSAC.

Ne craignez rien, vous êtes là ,
Gravée en traits de flâme.

ATALA.

Ah! quel bonheur !

BLANSAC.

Ne craignez pas que j'oublie...
Vous pleurez ?...

ATALA , *jouant l'attendrissement.*

Vous voyez un orage du cœur.
(essuyant une larme.) C'est une goutte de sa pluie.

BLANSAC.

Elle tombe dans mon cœur.

ENSEMBLE.

Fils de l'exil, etc.
A vous pour la vie ,
Je ne puis quitter ce lieu.
Adieu... adieu...
Encore une fois, adieu.

SCÈNE III.

ROGER, EDMOND.

ROGER, *seul, regardant à la fenêtre.*

Mon Amélie, je crois va descendre. Elle doit passer dans cette salle.

EDMOND.

Ah! te voilà. En vérité, on n'est pas plus étourdi que toi. Tu ne connais ni convenance, ni égards. Comment! tu donnes un dîner, très-bon, à la vérité ; au second service, tu pars comme une bombe et tu laisses là tous tes chers parens.

ROGER.

Je viens de préparer moi-même nos porte-manteaux, d'écrire à la mère de mon Amélie, et je veux partir ce soir après l'avoir vue. Le colonel doit venir demain me rendre visite ; ainsi nous n'avons pas un instant à perdre.

EDMOND,

Je suis de ton avis. Tu feras d'autant mieux, que ton Amélie, m'a-t-on dit, est en coquetterie avec le monsieur, qui était à table à ma droite ; et, pendant tout le dîner, il m'en a parlé.

ROGER.

Si je le savais......

EDMOND.

Oui, oui, va faire le Dom-Guichote. Songeons à notre départ.

ROGER.

Qu'est-il cet homme?

EDMOND.

Je n'en sais rien.

ROGER.

Tu ne sait pas même son nom?

SCENE IV.

ROGER, EDMOND, LE GÉNÉRAL.

ROGER.

Le voici: demande lui son nom, ce qu'il est.

EDMOND.

Demande lui, toi.

LE GÉNÉRAL, *à Roger.*

Mon général, j'ai l'honneur de vous saluer.

ROGER.

Monsieur...

LE GÉNÉRAL.

Je me rendais chez vous pour vous prier de m'accorder une grâce.

ROGER, *étonné.*

Une grâce !

LE GÉNÉRAL.

Oui, général, je viens vous demander vos conseils et votre protection pour une affaire.

EDMOND, *ironiquement.*

Le général est un homme de très-bon conseil.

LE GÉNÉRAL.

J'en suis persuadé.

ROGER.

Mais de quoi est-il question ?

LE GÉNÉRAL.

Mon général, il est question de votre cousine Amélie, à laquelle je m'intéresse vivement.

ROGER, *avec impatience.*

Ah ! vous vous intéressez vivement à Amélie ?

EDMOND, *bas, à Roger.*

De la prudence.

LE GÉNÉRAL.

Oui mon général; et si le mariage que je projette pouvait convenir à sa mère ainsi qu'à vous, je me trouverais trop heureux.

ROGER, *impatienté.*

Et c'est à moi que vous venez faire cette demande ?...

EDMOND, *à part, riant.*

Parbleu ! il ne pouvait mieux s'adresser.

LE GÉNÉRAL.

N'est-il pas du devoir de celui qui veut entrer dans une famille, de s'informer d'abord si l'alliance qu'il désire ne contrarie point les vues de ses parens ?

ROGER.

C'est juste.

EDMOND.

Très-juste.

LE GÉNÉRAL.

J'aurais donc cru manquer essentiellement aux bienséances, si je n'étais venu faire cette démarche auprès de vous, monsieur, qui êtes son cousin et son protecteur.

ROGER, *se contraignant.*

J'y suis extrêmement sensible, et....

EDMOND, *au général.*

On fait ce qu'on veut du général avec de bons procédés.

ROGER.

Mais je ne vous cache pas que j'ai d'autres vues.

EDMOND.

Il a d'autres vues.

LE GÉNÉRAL.

J'ai un état honnête, je sers....

ROGER.

Ah ! vous êtes militaires.

LE GÉNÉRAL.

Oui; mon général; j'ai cet honneur.

ROGER.

Dans quel corps servez-vous ?

LE GÉNÉRAL.

Je suis dans le quinzième de cavalerie.

EDMOND.

Dans notre régiment !

ROGER.

Votre nom.

LE GÉNÉRAL.

Je m'appelle Roger.

EDMOND et ROGER

Roger !

LE GÉNÉRAL.

Et je suis capitaine depuis deux ans. (Puis qu'il joue mon rôle., je puis bien prendre le sien.)

ROGER, *bas à Edmond.*

Quel imposteur ! Il a l'audace de prendre mon nom.

EDMOND, *bas à Roger.*

Ah ! l'aventure est singulière... Calme-toi. C'est quelque fripon, quelque chevalier d'industrie... Voyons le venir, cela nous amusera.

LE GÉNÉRAL.

Vous avez été lié avec mon frère, et vous lui promîtes même, à l'instant de sa mort, d'être mon protecteur.

ROGER, *impatient.*

Oui, oui, je m'en souviens.... (*bas.*) ah ! le fourbe : (*en regardant à la fenêtre.*) Si je n'attendais mon Amélie....

LE GÉNÉRAL.

Je réclame donc vos bons offices, mon général, vous paraissez occupé dans cet instant. Je ne veux pas être importun et je me retire. Je vous prierai donc de vouloir bien m'être favorable.... J'espère vous prouver un jour combien je suis attaché à votre personne.... Adieu, monsieur le général.

ROGER, *avec affectation.*

Soyez sûr, monsieur le capitaine, que je ne vous oublierai point.

LE GÉNÉRAL.

Ah ! vous êtes trop bon, monsieur le général.

ROGER.

Dans cet instant je suis occupé ; mais j'espère vous revoir bientôt....nous avons à causer ensemble.

LE GÉNÉRAL.

Ah ! vous me comblez, monsieur le général. J'ai bien l'honneur de vous saluer, monsieur le général.

(*Il sort en faisant des révérences.*)

SCENE V.

Mad. PIMPARD, EDMOND, ROGER.

ROGER.

Conçois-tu l'audace de cet avanturier ?

Mad. PIMPARD.

Monsieur le général, monsieur le colonel fait demander si vous pouvez le recevoir.

ROGER.

En non, madame, eh non! Je ne pourrais donc jamais
être tranquille un instant. Dites-lui que je suis incom-
modé....

EDMOND.

Et que son médecin lui a défendu de parler à qui que
ce soit.

Mad. PIMPARD.

Cela suffit.

SCÈNE VI.

EDMOND, ROGER.

ROGER.

Nous n'avons pas un instant à perdre, il faut partir au
plutôt. Préparons-nous; mais commençons par payer
madame Pimpard.

EDMOND.

Je crois que son dîner nous coûtera cher; il est vrai
qu'elle n'a rien épargné. Elle t'a traité en général.

ROGER.

Allons, va vite la payer.

EDMOND.

La payer.... (à part.) C'est un mauvais quart d'heure.

ROGER.

Oui, la payer.

EDMOND.

Mon cher Roger, je n'ai rien de caché pour toi; je vais
t'avouer ma faiblesse.

ROGER.

Parle donc: tu m'impatientes.

EDMOND.

Ne t'emportes pas.

ROGER.

Eh bien?

EDMOND.

Eh bien! j'ai rencontré un amateur de tric-trac....

ROGER.

Eh bien?

EDMOND.

Tu sais que j'aime beaucoup le tric-trac. Cet amateur joue très-mal, ne sait ni caser ni calculer aucune chance.

ROGER.

Tu l'as gagné?

EDMOND.

Non. Vois la fatalité : j'ai perdu.

ROGER.

Combien ?

EDMOND.

Tout ce que j'ai pu perdre, notre bourse commune, les deux mille francs que nous avions réunis.

ROGER.

Malheureux ! qu'as-tu fait? qu'allons-nous devenir?

EDMOND.

Cela me contrarie plus que toi.... mais je vais écrire à ma famille, et avant huit jours...

ROGER.

Eh ! songe donc, bourreau, que tout va se découvrir ; que nous ne pouvons partir sans payer ; que nous ne connaissons personne ici ; que nous avons soixante lieues à faire ; qu'on va nous prendre pour des intrigans. En vérité, je ne conçois pas ta tranquillité.

EDMOND.

Je m'arracherais les cheveux, je me frapperais la tête contre les murs, que cela n'arrangerait pas nos affaires. Que diable aussi! Tu me laisses seul.

SCÈNE VII.

Les Précédens, M. RAYMOND.

RAYMOND, *avec sentiment et en pleurant.*

Ah! mon cher cousin, mon cher général ! Comment vous peindre, vous exprimer toute ma reconnaissance pour votre bonté ?... Ce procédé m'a touché au point !.... Permettez que je vous embrasse; et vous aussi, monsieur le docteur... Allez, je suis très-sensible, et une chose semblable.... Votre lettre... Tout cela... Mes pauvres enfans? Je les éléverai comme il faut, et ce seront de braves gens comme vous.

EDMOND.

Conçois-tu quels peuvent être les motifs des ses exclamations?

ROGER.

Mais qu'ai-je fait pour mériter?

RAYMOND.

Ce que vous avez fait? (*très-ému.*) Ah! je ne l'oublierai jamais... Ni mes enfans non plus... Vous oubliez les services que vous rendez: c'est d'une belle âme. Ah! mon cousin, que je vous remercie!

EDMOND.

Mais encore, de quoi remerciez-vous monsiéur? Qu'à-t-il fait?

RAYMOND.

Vous lui avez dit sans doute que je n'étais pas à mon aise, et que j'avais six garçons à élever. Il me donne une pension pour leur éducation, en fait placer un dans un Pritanée, et m'écrit une lettre avec une grâce, un style qui me fait encore pleurer de souvenir.

EDMOND.

Eh bien! Je ne savais rien de tout cela. Il me cache toutes les belles actions qu'il fait. (*à part.*) Que diable vient-il nous conter là? (*à Roger.*) Avant de faire de si brillans cadeaux, tu aurais bien dû payer madame Pimpard.

ROGER.

Je veux mourir, si je comprends rien à ce mystère: partons....

EDMOND.

Ne vous dérobez pas à sa reconnaissance.... Tu ne partiras pas : voici la belle Amélie. J'espère que tu auras été généreux et que tu auras fait les choses comme il faut.

ROGER.

Tais-toi, maudit persiffleur.

SCÈNE VIII.

Les Mêmes, AMÉLIE, LE GÉNÉRAL.

EDMOND.

Elle est encore avec cet intrigant ! que t'avais-je dit ?

AMÉLIE, *à Roger.*

Ah ! mon cousin, que je vous ai d'obligation ! je vous devrai plus que la vie. Vous avez rendu la santé à ma pauvre mère. Combien elle a été sensible à vos généreux procédés ! *(Elle montre un collier et des boucles d'oreille.)* Ces bijoux ! ah ! comme je les aimerai, puisqu'ils viennent de vous !

EDMOND, *à part.*

Mais qu'est-ce que tout cela veut dire ? *(haut.)* Allons, j'étais sûr que tu te ruinerais pour elle.

RAYMOND.

Le brave cousin.

ROGER.

En vérité.... *(à part.)* Je ne sais que dire. *(haut.)* Mademoiselle, il serait bien doux, bien flatteur pour moi, de faire quelque chose qui vous fût agréable. Vous connaissez les sentimens que j'ai pour vous.

AMÉLIE.

Je suis enchantée que vous ayez de l'amitié pour moi.

LE GÉNÉRAL.   vec la

Mademoiselle m'en faisait part dans l'instant a naïveté touchante de son âge.

ROGER.

Vous avez de l'amitié pour moi ?.... Rien que de l'amitié ?

LE GÉNÉRAL, *bas à Roger.*

Général, permettez-moi de vous dire que vous faites à mademoiselle une question un peu indiscrète.

ROGER.

En quoi, monsieur, s'il vous plaît ?

LE GÉNÉRAL.

Parce que ; dans tous les cas possibles, *(souriant.)* l'aveu que vous demandez à mademoiselle, doit l'embarrasser.

ROGER, *piqué.*

Cela peut être, monsieur; mais je n'ai besoin de conseils de personne. Il faut que vous preniez à mademoiselle un intérêt bien vif.

LE GÉNÉRAL.

Je vous l'ai déjà dit.

AMÉLIE.

Oh! oui, maman m'a dit que monsieur m'aimait beaucoup, et qu'il fallait bien l'aimer aussi.

ROGER, *à part, avec menaces.*

A revoir.—Ah! dieux.

EDMOND.

Modère-toi; ce n'est pas le tems d'avoir une explication.

SCENE XI.

Les Mêmes, Mad. de la DURANDIÈRE, TERPSICHORE, ATALA.

Mad. de la DURNADIÈRE, *à Roger.*

Mon cher cousin!

EDMOND, *à Roger.*

Allons, encore quelque cadeau! Ah! pour le coup c'est trop fort. En vérité, c'est une énigme.

Mad. de la DURANDIÈRE.

Votre lettre m'a navré le cœur. Je ne cherche point à me justifier. Mais vous êtes bien sûr que je n'ai jamais eu en vue que le bonheur de mes enfans. J'ai pu me tromper sur leur éducation, c'est vrai; mais vous savez ce que veut le cœur d'une mère.

AMÉLIE.

Ah! que cela me fait de peine, de voir pleurer ma tante!

RAYMOND.

Et moi aussi, cela me touche.

EDMOND, *haut.*

Et moi aussi, je suis touché jusqu'aux larmes. (*à part.*) Mais qui donc est joué dans ce moment?

Mad. de la DURANDIÈRE.

Voici mes filles: elles sont éplorées. Vous leur avez

écrit... des vérités, sans doute ; mais elles sont pénibles
pour ces chers enfans.

ATALA.

Mon cousin, nous sommes les victimes du sort, un procès perdu injustement nous prive d'une partie de nos ressources. Mais il nous restera une conscience pure et de la force dans l'adversité; il existe un être qui ne m'abandonnera jamais, dont l'âme est à l'unisson de la mienne et qui me suivra dans le désert: c'est monsieur le chevalier de Blansac.

SCENE X et dernière.

Les Précédens, Mad. PIMPARD.

Mad. PIMPARD.

Ah! mon dieu. Quel tapage! Quel déshonneur pour ma maison! Comme ma voisine sera contente! Quel intrigant! Quel fripon! Comme j'en ai été dupe! On vient de le rencontrer sur la route, courant la poste à franc étrier.

TOUS.

Et qui donc?

Mad. PIMPARD.

Ce prétendu chevalier de Blansac, qui n'est qu'un chevalier d'industrie.

ATALA, TERPSICHORE, Mad. de la DURANDIÈRE.

Ah! dieux!

RAYMOND.

Ce monsieur de Paris?

EDMOND.

Le coquin m'a fripponné.

Mad. PIMPARD.

Il me doit mille francs, et je n'en tirerai jamais un sol.

ATALA.

Quel coup affreux! quel revers effroyable! malheureuse! ah! j'en mourrai.

AMÉLIE, vivement.

Mes chères cousines, mes chères amies, ne vous désespérez pas. Nous sommes à notre aise maintenant, par les bienfaits de mon consin. Nous les partagerons avec vous. Je sais broder, faire toute espèce d'ouvrage; je travaillerai nuit et jour; s'il le faut; j'ai de la force; du courage pour faire le bien; mais vivez, vivez. Songez que vous pouvez faire le bonheur de votre mère.

ROGER, *ému, à Edmond.*

Tu l'entends.

LE GÉNÉRAL, *embrassant Amélie.*

Adorable créature! Je ne puis résister...

ROGER, *vivement.*

Monsieur, c'est pousser l'enthousiasme un peu loin.

LE GÉNÉRAL.

Je vous ai déjà avoué que j'aimais mademoiselle.

ROGER.

Et moi aussi, monsieur, je l'aime.

LE GÉNÉRAL.

Ah! j'en suis enchanté.

ROGER.

Apprenez, monsieur, que je ne souffre pas la raillerie.

EDMOND, *bas.*

Quelle tête! Mais es-tu fou?

LE GÉNÉRAL.

Vous jugez mal mon intention.

ROGER.

Ce n'est pas ici le lieu d'une explication.

LE GÉNÉRAL.

Pardonnez-moi, monsieur, le lieu et l'instant sont très-propices.

ROGER.

Vous le voulez? Parbleu! J'y consens. Il vous sied bien de le prendre sur ce ton, vous, monsieur, qui vous cachez ici sous un nom emprunté, sous le nom d'un brave homme! Oh! vous me rendrez raison de cette offense.

LE GÉNÉRAL.

Quand il vous plaira.

ROGER.

Tout-à-l'heure : cherchez vos témoins.

LE GÉNÉRAL, *montrant les assistans.*

Les voici.

ROGER, *bouillant de colère.*

Je vous laisse le choix des armes.

LE GÉNÉRAL.

Vous serez content de celles que je prendrai.

AMÉLIE, *pleurant.*

Ah! mon dieu, que je suis malheureuse! mon cousin va se battre.

EDMOND.

Quoi tu veux te mesurer avec un intrigant? demande au moins....

ROGER.

Votre nom? monsieur, que je sache à qui j'ai affaire.

LE GÉNÉRAL, *lui remettant une lettre.*

Vous le verrez sur cette adresse. Lisez. Il y a même dans cette lettre quelque chose qui vous concerne.

ROGER, *lit, puis s'écrie.*

Le général Roger! ah! général, je tombe à vos genoux.

TOUS.

Le général Roger! comment se peut-il?....

ROGER.

Général! daignez excuser mon audace. Cette super-cherie.....

LE GÉNÉRAL.

J'en connais le motif. Lisez; mais lisez donc.

ROGER, *lisant.*

Quoi! je suis nommé votre aide-de-camp, avec le grade de chef d'escadron.

ATALA, TERPSICHORE, Mad. de la DURANDIÈRE.

Quoi! monsieur, c'est vous qui êtes notre cousin?

AMÉLIE, *à Roger, en pleurant.*

Vous ne me serez donc plus rien, à présent?

LE GÉNÉRAL.

Il sera tout pour vous, s'il se corrige. Votre maman, qui était dans ma confidence, me l'a promis.

AMÉLIE.

Ah! tant mieux. Parlez à mes cousines, monsieur le général.

ATALA.

Je ne m'étonne plus de l'émotion que j'éprouvais en vous voyant. Notre sort est dans vos mains.

LE GÉNÉRAL.

Il est dans les vôtres. Vous êtes malheureuses: je ne vous ferai pas de reproche. Méditez bien la lettre que vous avez reçue de moi. Laissez la science aux savans, la prétention aux arts, à ceux qui les professent; le pédantisme aux sots. Gardez pour vous la grâce, la douceur, la bonté, qui sont la plus belle parure de vôtre sexe, et souvenez-vous bien que ce qui plaît le plus dans les femmes, c'est la reserve, le naturel et la simplicité. Et vous, jeunes gens, gardez pour vous la leçon que vous m'avez faite tout-à-l'heure.

EDMOND.

Vous n'avez plus besoin de ma consultation ?

LE GÉNÉRAL, *riant.*

Non, monsieur le docteur.

EDMOND, ROGER.

Général, nous sommes comblés.

LE GÉNÉRAL, *prenant la main de Roger.*

Je vous le disais bien que vous seriez content des armes que je choisirais.

CŒUR GÉNÉRAL.

L'amour, l'amitié, la nature
Charment aujourd'hui notre cœur ;
Et de leur doux accord naît une ivresse pure
Qui fixe près de nous à jamais le bonheur.

FIN.

De l'Imprimerie de P. NOUHAUD, rue du Petit-Carreau, N.° 52.

www.ingramcontent.com/pod-product-compliance
Lightning Source LLC
LaVergne TN
LVHW022024080426
835513LV00009B/862